Jennifer Olbrich

Wie lebt und arbeitet die Generation Z?

Handlungsempfehlungen für Recruiting und Personalmanagement

Bibliografische Information der Deutschen Nationalbibliothek:

Die Deutsche Nationalbibliothek verzeichnet diese Publikation in der Deutschen Nationalbibliografie; detaillierte bibliografische Daten sind im Internet über http://dnb.d-nb.de abrufbar.

Impressum:

Copyright © Studylab 2021

Ein Imprint der GRIN Publishing GmbH, München

Druck und Bindung: Books on Demand GmbH, Norderstedt, Germany

Coverbild: GRINPublishing GmbH | Freepik.com | Flaticon.com | ei8htz

Inhaltsverzeichnis

Abkürzungsverzeichnis V

Abbildungsverzeichnis VI

Tabellenverzeichnis VII

1 Einleitung 1
    1.1 Problemstellung 1
    1.2 Zielsetzung 2
    1.3 Vorgehensweise 2

2 Grundlagen und theoretische Einordnung der Generationen 4
    2.1 Demografische Entwicklungen 4
    2.2 Der Generationenbegriff 6

3 Lebensweise und Charakteristika der Generation Z 18
    3.1 Digital Natives: Leben in und mit der digitalen Welt 18
    3.2 Global 22
    3.3 Eltern-Kind-Beziehung 23
    3.4 Engagement in Umwelt und Klima 25
    3.5 Toleranz 27
    3.6 Individualismus und Selbstverwirklichung 29

4 Arbeitsweise der Generation Z 32
    4.1 Grundlegende Erwartungen an die Arbeitswelt 32
    4.2 Recruiting der Generation Z 36
    4.3 Mitarbeiterführung der Generation Z 47
    4.4 Bindung der jungen Generation 52

5 Die neue Generation Alpha 54

    5.1   Wer ist die Generation Alpha? 54

    5.2   Stand der Forschung 55

    5.3   Auswirkungen der Corona-Pandemie 58

6   Fazit 60

Literaturverzeichnis 63

Abkürzungsverzeichnis

FFF	Fridays for Future
IRA	Irisch-Republikanische Armee
LGBTQI	Lesbian, Gay, Bisexual, Transgender, Queer, Intersexual
RAF	Rote Armee Fraktion

Abbildungsverzeichnis

Abbildung 1: Geburten- und Sterberate im zeitlichen Vergleich 5

Abbildung 2: Thematiken im Verlauf dieser Arbeit 16

Abbildung 3: Erweiterung der Grundbedürfnisse nach Maas 19

Abbildung 4: Erwartungen der Generation Z an die Arbeitswelt 36

Abbildung 5: Methoden der Personalbeschaffung 38

Abbildung 6: Die bedeutendsten Kanäle zur Stellensuche der Generation Z 41

Abbildung 7: Instagram-Auftritt von aldisuedde.karriere 43

Tabellenverzeichnis

Tabelle 1: Generationen im Überblick 8

1 Einleitung

„Die Jugend von heute liebt den Luxus, hat schlechte Manieren und verachtet die Autorität. Sie widersprechen ihren Eltern, legen die Beine übereinander und tyrannisieren ihre Lehrer." (Sokrates, 470–399 v.Chr.)

1.1 Problemstellung

Bereits vor 4000 Jahren haben sich ältere Generationen über die Jugend beschwert. Den Einschätzungen nach sei sie demotiviert, freizeitorientiert und unqualifiziert.[1]Titelblätter sprechen von der „Generation Weichei"[2].Solche Aussagen demonstrieren, dass sich auch die heutigen älterenMenschen nicht mit dem Verhalten der Jugend identifizieren können.[3] Das Phänomen ist jedoch nicht neu. Veränderungen entstehen in jedem Lebens- und Arbeitsbereich– sei es in der Familie, im Unternehmen oder in der Schule. Wertemuster und etablierte Rituale wandeln sich mit der Zeit, sodass bestehende Erklärungsmuster einfach nicht mehr ausreichen.[4]

Trotz der Vorurteile stellt die Generation Z, die mittlerweile in die Arbeitswelt eintritt, eine bedeutende Ressource dar. Ein Grund hierfür ist der demografische Wandel, der die Gesellschaft schrumpfen und altern lässt.[5] Gemäß der Bevölkerungsvorausberechnung des Statistischen Bundesamtes wird sich der Anteil der Menschen ab 60 Jahren bis 2040 um vier Millionen Menschen erhöhen, wohingegen die Zahl der unter 20-Jährigen um drei Millionen sinken wird.[6] Das führt zu einem Fachkräftemangel, der die Wirtschaft zu einem Umdenken bewegen muss. Aber nicht nur der bestehende Fachkräftemangel, sondern auch die bereits beobachteten gewandelten Vorstellungen und Ansprüche der Generation Z an die Lebens- und Arbeitsweiselassen es nicht zu, das Thema dieser Arbeit zu vernachlässigen.Dies liegt v. a. auch darin begründet,dassdurch einumfassendes Bild einer neuen Generation der Entstehung von Konflikten und Missverständnissen in einer Mehrgenerationenbelegschaft vorgebeugt werden kann.[7]

---

[1]Vgl. *Scholz, C., Grotefend, L.-D.*, Generation Z, 2019, S. 1.
[2]*Weiguny, B.*, Generation Weichei, 2012, S. 27.
[3]Vgl. *Hanisch, H.*, Generation Z, 2019, S. 13.
[4]Vgl. *Scholz, C.*, Generation Z, 2014, S. 11.
[5]Vgl. *Calmbach, M. et al.*, Jugendliche, 2016, S. 14.
[6]Vgl. *Statistisches Bundesamt*, Bevölkerung, 2019, S.53.
[7] Vgl. *Klaffke, M.*, Generationen-Management, 2014a, S. 5 ff.

1.2 Zielsetzung

Mittlerweile sind Arbeitnehmer in der glücklichen Lage, sich den passenden Arbeitgeber aussuchen zu dürfen und nicht umgekehrt. Unternehmen sollten daher erkennen, wie die Ressource *Jugend* von heute tickt, wie sie gewonnen und geführt werden möchte und wie sie in der schnelllebigen Welt gebunden werden kann.[8] Eines ist nämlich für die Vertreter der Generation Z gewiss: „[E]in ‚erfülltes' Leben .. [ist] ihnen wichtiger als ein ‚gefülltes'."[9]

Das Ziel dieser Arbeit ist es daher, sich einen umfassenden Einblick in die Charaktereigenschaften und den Lebensstil der Generation Z zu verschaffen. Ferner wird der Fokus daraufgelegt, welche Erwartungen die Angehörigen der Generation Z an die Arbeitswelt haben und wie sie erfolgreich angesprochen sowie rekrutiert werden möchten. Damit das erfolgreich rekrutierte Personal auch bestehen bleibt, erfolgt eine Erörterung des geforderten Leitungsstils an Führungskräfte und eine Beschreibung der Bindungskriterien.

1.3 Vorgehensweise

Bei der vorliegenden Abschlussarbeit wurde ein literaturbasierter Ansatz gewählt, der auf den wissenschaftlichen Formalien gemäß *Leitfaden FOM* (Stand Mai 2020) basiert. Zur Wahrung der Aktualität sind Internetquellen mit in die Referenzliteratur eingeflossen.

Die Thesis ist in vier Hauptkapitel gegliedert. Das erste Kapitel enthält die Grundlagen sowie eine theoretische Einordnung der Generationen, angefangen bei den Babyboomern bis hin zur Generation Z, sodass der Leser ein Verständnis von allen Arbeitnehmern erhält, die momentan im Arbeitsleben tätig sind. Dies zeigtdie Unterschiede zwischen den Jahrgängen auf. Im zweiten Kapitel geht es um die Lebensweise und um ausgewählte Charakteristiken der Generation Z, die in der Fachliteratur als prägnant beschrieben werden. Das dritte Kapitel umfasst neben den grundlegenden Erwartungenan die Arbeitswelt die Kategorien Recruiting und Führung, in denen nach theoretischer Einordnung explizit auf dieSpezifika der Generation Z eingegangen wird.Zudem enthält das Kapitel eine kurze Würdigung bezogen auf die Bindung eben jener Generation an das Unternehmen. Abschließend

---

[8]Vgl. *Maas, R.*, Generation Z, 2019, S. VII.
[9]*Liebermeister, B.*, Arbeitswelt, 2019, S. 48.

erfolgt in Kapitel 4 eine Vorstellung der jüngsten Generation Alpha. Die Arbeit wird von einem Fazit abgerundet.

2 Grundlagen und theoretische Einordnung der Generationen

2.1 Demografische Entwicklungen

Der demografische Wandel und seine Auswirkungen in Deutschland und auf die Arbeitswelt werden stets thematisiert. Daher wird im Folgenden der Begriff im Hinblick auf seine sprachlichen Wurzeln erläutert. Das Wort *Demografie* geht auf diebeiden altgriechischen Worte *demos* (Volk) und *graphein* (beschreiben) zurück. Demnach wird das Volk anhand demografischer Daten beschrieben.Allgemein bezeichnet der demografische Wandel Veränderungen hinsichtlich der Struktur und der Größeder Gesellschaft.[10] Die Trends der Demografie ergeben sich dabei maßgeblich aus der Kombination und der Entwicklung vonfolgenden drei Faktoren: Lebenserwartung, Geburten- und Sterberatesowie Wanderungssaldo.[11]Konkret bedeutet dies, dass in Deutschland lebende Personen eine zunehmende Lebenserwartung besitzen, die Bevölkerungszahl abnimmt und ein erhöhter Migrantenanteil der Bürger vorliegt.[12]Im Nachfolgenden wird auf die drei Parameter ausführlicher mit Zahlen, Daten und Fakten eingegangen.

Die Lebenserwartung erfreut sich seit Anfang der Aufzeichnungen eines kontinuierlichen Anstiegs. Lag die Lebenserwartung im Deutschen Reich um 1871 bei der Geburt noch bei 38,4 Jahren bei Frauen, so hat sich diese laut der Sterbetafel 2017/2019 mit83,4 Jahren mehr als verdoppelt. Ähnlich gewandelt hat sich das Durchschnittsalter bei den Männern von 35,6 Jahren auf 78,6 Jahren, jedoch mit einer geringeren Lebenserwartung.[13]

Dagegen hat sich die Geburtenrate im Laufe der Zeit nicht positiv entwickelt. Bis 1971 war die Anzahl der Lebendgeborenen stets höher als die der verstorbenen Menschen. Ursache für den Wendepunkt sind veränderte Lebenssituationen, z. B. die Akzeptanz von kinderlosen Frauen, ein nichteheliches Zusammenleben und ein genereller Trend zur Individualisierung. Dies führt zu einer niedrigeren Geburtenquote, als für den Ersatz der vorherigen Generationen notwendig wäre (2,1 Kinder

---

[10]Vgl. *Günther, T.*, Demografische Entwicklung, 2014, S. 5.
[11]Vgl. *Wilke, C.*, Wandel, 2019, S. 38.
[12]Vgl. *Wilke, C.*, Wandel, 2019, S. 37.
[13]Vgl. *Statistisches Bundesamt*, Bevölkerung, 2019, S.36; Vgl. *https://www.destatis.de/DE/Themen/Querschnitt/Demografischer-Wandel/Aspekte/demografie-lebenserwartung.html*, Zugriff am 14.10.2020.

pro Frau). Aufgrund der niedrigen Kinderzahl und der höheren Sterberaten liegt Deutschland seit 1971bei einem negativen natürlichen Bevölkerungssaldo.[14]

Abbildung 1: Geburten- und Sterberate im zeitlichen Vergleich

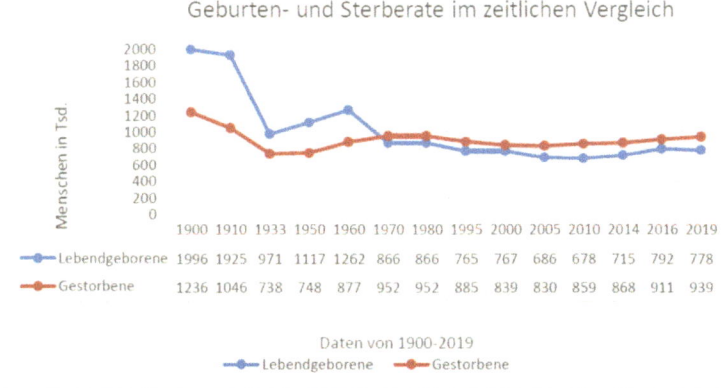

Quelle: In Anlehnung an *https://www.destatis.de/DE/Presse/Pressemitteilungen/2020/07/PD20_262_126.html*, Zugriff am 14.10.2020;*Bundesinstitut für Bevölkerungsforschung*, Bevölkerung, 2018, S.4

Abbildung 1 visualisiert das Resultat der demografischen Entwicklung bezogen auf die Geburten- und Sterberate in ausgewählten Jahrgängen von 1900 bis 2019.

Der Wanderungssaldo zeichnet Veränderungen hinsichtlich des räumlichen Lebensmittelpunktes auf. Zum einen wird in Binnenwanderung, also in Wanderungen innerhalb derBundesländer Deutschlands, differenziert und zum anderen in Außenwanderung, bei der Menschen über die Grenzen in ein Land einwandern. Bis 2002 konnte sogar die niedrige Geburtenzahl durch ein positives Wanderungssaldo ausgeglichen werden.[15] Im ersten Halbjahr 2020 hat das Statistische Bundesamt insgesamt 529 Tsd. Zu- und 455 Tsd. Wegzüge aufgezeichnet. Im Vergleich zum Jahr 2019 ist rund ein Viertel weniger zu- und fortgezogen, was jedoch an der Ausnahmesituation der Corona-Pandemie liegt.[16]

---

[14]Vgl. *Bundesinstitut für Bevölkerungsforschung*, Bevölkerung, 2018, S.4; Vgl. *Günther, T.*, Demografische Entwicklung, 2014, S. 9.

[15]Vgl. *Günther, T.*, Demografische Entwicklung, 2014, S. 10 f.

[16]Vgl. *https://www.destatis.de/DE/Presse/Pressemitteilungen/2020/10/PD20_384_12411.html*, Zugriff am 14.10.2020.

Trotz der Zuwanderungen wirken sich die erwähnten Faktoren negativ auf den Arbeitsmarkt aus. Diegrößte Generation der Babyboomer (1950–1964) geht mit 1,4 Millionen Personen allmählich in Rente und hinterlässtdabei eine große Lücke für die jungen Generationen und die Firmen. Fast die Hälfte aller Arbeitsplätze wird vakant bleiben, weil zu wenig Menschen mit fachlicher Expertise vorhanden sind.[17] Auch wenn es sich hier um eine Bevölkerungsprognose handelt,ist diese erfahrungsgemäß präzise und verlässlich.[18]Bei den offenen Stellen handelt es sich grundsätzlich nicht nur um solche, die eine hohe Qualifikation erfordern – die Bandbreite reicht von Apotheker, Bäcker und Arzt bis hin zu einfachen unbesetzten Ausbildungsplätzen.[19] Nebenbei werden noch Stellen geschaffen und das Rentenalter wird angehoben, damit die ältere Belegschaft nicht vollends vom Arbeitsmarkt verschwindet.[20]So befürchten kleine und mittlere UnternehmenUmsatzeinbußen in der Zukunft und 75 % der Betriebe fällt es zunehmend schwer, geeignetes Personal zu akquirieren.[21]Was das Leid für die Unternehmen ist, ist die Zukunftssicherung der Generation Z. Die Berufseinsteiger werden wegen des Fachkräftemangels in Zukunft keine beruflichen Sorgen fürchten müssen.[22]Auch der Deutsche Bundestag bestätigte im 15. Kinder- und Jugendbericht die positive Arbeitsmarktsituation, eine geringe Arbeitslosenquote bei Jugendlichen sowie die gute Ausgangssituation bei den Berufseinsteigern.[23]

2.2 Der Generationenbegriff

In der Fachliteratur zähltdienach Karl Mannheim (1928) historisch-gesellschaftliche Begriffsdefinition der *Generationen* als diebedeutendste. Der Soziologe versteht darunter „eine gesellschaftliche Kohorte [...], die Geburtenperiode und prägende kollektive Ereignisse (zum Beispiel den Zweiten Weltkrieg oder den Fall der Berliner Mauer) in Kindheit und Jugend teilt"[24]. Die Prägungen und Wertvorstellungen, die laut Sozialisationstheorie um das 11. und 15. Lebensjahr eines jungen Erwachsenen entstehen[25], bleiben trotz kleiner Veränderungen über die gesamte

---

[17]Vgl. *Hurrelmann, K., Albrecht, E., Greta*, 2020, S. 24.
[18]Vgl. *Bruch, H. et al.*, Generationen, 2010, S. 30 f.
[19]Vgl. *Hurrelmann, K., Albrecht, E., Greta*, 2020, S. 24.
[20]Vgl. *Arenberg, P.*, Ressource, 2018, S. 1 f.
[21]Vgl. *Klaffke, M.*, Generationen-Management, 2014a, S. 5.
[22]Vgl. *Hurrelmann, K., Albrecht, E., Greta*, 2020, S. 25.
[23] Vgl. *Deutscher Bundestag*, Jugendbericht, 2017, S. 147.
[24]*Klaffke, M.*, Generationen-Management, 2014a, S. 9.
[25]Vgl. *Mangelsdorf, M.*, Babyboomer, 2015, S. 12.

Lebensdauer unverändert.[26] Grundsätzlich bilden Generationen nach Mannheim ein klares Gerüst aus folgenden drei Faktoren: Generationslagerung, -zusammenhang und -einheit.[27] Die Generationslagerung ist durch den biologischen Zyklus und damit durch die Geburt, die beschränkte Lebensdauer, den Alterungsprozess und den Tod begründet. Indem ein Mensch einem Geburtenjahrgang angehört,seier automatisch in einer Generation ‚gelagert'.[28] Als zweiten Referenzpunkt nennt Mannheim den Generationszusammenhang, der durch Partizipation von Personen derselben Generationslagerung an denselben Schicksalenentsteht.[29]Sobald eine engere Verbundenheit und ein gemeinsames Interessesowie Ideen entstehen, bringt der Generationszusammenhang als nächste Stufe Generationseinheiten hervor. So ist bei solch einer Einheit die Ähnlichkeit der Gehalte auffällig, die im Bewusstsein des Einzelnen liegen.[30]

Ferner führt François Höpflinger neben der historisch-gesellschaftlichen Begriffsdefinition eine genealogische Erklärung an.Diese knüpft an die im Alltag gebräuchliche Abstammungsfolge der Familie an.[31]

Der Ansatz der Generationenthematik bewirkt ein ‚Schubladendenken' und ein Kategorisieren von Individuen.[32] Obgleich Fehler bei falscher Typisierung entstehen können[33], hilft der Ansatz bei der Komplexitätsreduktion und schafft durch das universelle Konzeptgleichermaßen ein Verständnis von Entwicklungen in Alltag und Beruf.[34] Zudem entstehen durch Generationen Verbindungen, die für eine verständliche Kommunikation zu beachten sind.[35] Mithilfe einer bewussten Differenzierung wird aus einem typischen Kunden und Mitarbeiter ein generationszugehöriger Akteur. So kann bspw. die Führungskraft gezielt eine Gruppe behandeln und führen, aber auch Problematiken innerhalb der Generationenbelegschaft effektiv

---

[26]Vgl. *Scholz, C.*, Generation Z, 2014, S. 16.
[27]Vgl. *Bebnowski, D.*, Generation, 2012, S. 16.
[28]Vgl. *Mannheim, K.*, Generationen, 1964, S. 527.
[29]Vgl. *Mannheim, K.*, Generationen, 1964, S. 542, 547.
[30]Vgl. *Oertel, J.*, Generationenmanagement, 2007, S. 45; Vgl. *Mannheim, K.*, Generationen, 1964, S. 544.
[31]Vgl. *Höpflinger, F.*, Generationenfrage, 1999, o. S.
[32]Vgl. *Klaffke, M.*, Generationen-Management, 2014a, S. 10.
[33]Vgl. *Scholz, C.*, Generation Z, 2014, S. 17.
[34]Vgl. *Klaffke, M.*, Generationen-Management, 2014a, S. 10; Vgl. *Scholz, C.*, Generation Z, 2014, S. 18.
[35]Vgl. *Bebnowski, D.*, Generation, 2012, S. 10.

aufdecken.[36]Dabei ist nichtjede Alterskohorte gleich, denn jeder Mensch hat eine bestimmte Herkunft sowie eigene Stärken und Schwächen, Besonderheiten, Familienstrukturen und Geschichten, die meist stark von den Generationseigenschaften abweichen.[37] Dennoch bestehen im Ganzen Übereinstimmungen, die sowohl qualitativ als auch quantitativ in Studien belegt wurden.[38]

Zugleich ist zu erwähnen, dass die Geburtenjahrgänge nicht als strikte Trennlinie für oder gegen Generationen angesehen werden, vielmehr sind die Wertemuster ausschlaggebend. Demnach kann ein Vertreter der Generation Z schon älter sein als die angegebeneAltersklasse.[39]

Da im derzeitigen Arbeitsalltag überwiegend vier Generationen vorzufinden sind, werden diese in Tabelle 1, angefangen bei den Babyboomern bis hin zur Generation Z, chronologisch aufgelistet. Außerdem geht es um die Generation Alpha, auf die in Kapitel 5 konkreter eingegangen wird.[40]Eine allgemeingültige Abgrenzung der Geburtenjahrgänge
besteht in der Literatur nicht, sodass sich diese Arbeit auf die Angaben des Wirtschaftswissenschaftlers Christian Scholz bezieht.

Tabelle 1: Generationen im Überblick

Generation	Babyboomer	Generation X	Generation Y	Generation Z	Generation Alpha
Geburtsjahre von	1950–1964	1965–1979	1980–1994	1995–2009	2010–2024
Altersgruppe (Stand	70–56	55–41	40–26	25–11	10–?

Quelle: In Anlehnung an*Mangelsdorf, M.*, Generation Y, 2014, S. 11 f.; *Scholz, C.*, Generation Z, 2014, S. 33

2.2.1 Babyboomer

Die Generation der Babyboomerumfasst die ab den 50er Jahren bis zur Einführung der Antibabypille im Jahr 1964 geborene Alterskohorte. In Deutschland hat sich der Babyboom aufgrund der Nachkriegssituation und der daraus resultierenden

---

[36]Vgl. *Scholz, C.*, Generation Z, 2014, S. 18.
[37]Vgl. *Bruch, H. et al.*, Generationen, 2010, S. 91; Vgl. *Klaffke, M.*, Generationen-Management, 2014a, S. 10.
[38]Vgl. *Mangelsdorf, M.*, Babyboomer, 2015, S. 8.
[39]Vgl. *Scholz, C.*, Generation Z, 2014, S. 7.
[40]Vgl. *Mangelsdorf, M.*, Babyboomer, 2015, S. 12.

geringen Geburtenrate im Vergleich zur USA, bei der der Boom bereits 1945 begann, zeitlich nach hinten verschoben.[41]Ist die Rede von den Babyboomern, werden viele Menschen damit assoziiert. „Ob es um Ausbildungsplätze oder um Rentenansprüche geht, immer wird es eine große Anzahl von Personen geben, die das Gleiche wollen."[42]Häufig sind es zu viele, denn die Babyboomer mussten früh lernen, sich durchzusetzen. So konnte v. a. die eigene Karriere nur durch harte Arbeit und Durchsetzungsvermögen vorangetrieben werden. Der heutige Fachkräftemangel glich damals nämlich einem Fachkräfteüberschuss, was neben der Karriere auch den gesellschaftlichen Aufstieg erschwerte.[43] Die Babyboomer sind es jedoch nicht anders gewöhnt, schließlich mussten sie schon im Kindesalter mit ihren Geschwistern sowie im Kindergarten und in der Schule bzw. Uni in Gruppen gemeinsamagieren und wetteifern.[44]

Aufgewachsen sind sie innerhalb des traditionellen Familienverständnisses. Dazu zählten verheiratete Eltern, mehrere Geschwister sowie eine klare Rollenverteilung bei Vater und Mutter. Die Entscheidungen traf meist der Mann, wodurch Hierarchiestrukturen bereits vorgelebt wurden.[45]Insgesamt ist ein Angehöriger der Babyboomer-Generation familienorientiert und wohlbehütet in einer perfekten Welt aufgewachsen, verglichen zur Elterngeneration, die den Krieg miterlebt haben.[46]

Weiterhin erlebte diese Generationdie Mondlandung, den Aufschwung der Popmusik und die Phase, in der das Reisen ins Ausland bezahlbar wurde.[47]Zudem verbindet die „Generation der Vielen"[48]die Wiedervereinigung Deutschlands sowieein Zeitalter des Umweltbewusstseins und der ökologischen Entscheidungen.[49]Die Friedens- und Umweltbewegung wurde in den 1980er Jahren von einem Großteil der Studenten und Schüler vorangetrieben und sorgte für bedeutsame gesellschaftliche Veränderungen. Neben den positiven Entwicklungen erlebte die Jugend und die ersten berufstätigen Babyboomer die Zeit der Ölkrise und der wirtschaftlichen

---

[41]Vgl. *Bruch, H. et al.*, Generationen, 2010, S. 45.
[42]*Maas, R.*, Generation Z, 2019, S. 6.
[43]Vgl. *Mangelsdorf, M.*, Babyboomer, 2015, S. 15.
[44]Vgl. *Oertel, J.*, Baby Boomer, 2014, S. 34; Vgl. *Bruch, H. et al.*, Generationen, 2010, S. 104.
[45]Vgl. *Mangelsdorf, M.*, Babyboomer, 2015, S. 14.
[46]Vgl. *Oertel, J.*, Generationenmanagement, 2007, S. 26; Vgl. *Maas, R.*, Generation Z, 2019, S. 5.
[47]Vgl. *Mangelsdorf, M.*, Generation Y, 2014, S. 16.
[48]*Becker, B.*, Babyboomer, 2014, o. S.
[49]Vgl. *Eberhardt, D.*, Generationen, 2016, S. 39.

Stagnation. Wegen des Wachstumsstillstandes der Volkswirtschaft haben viele Menschen ihre Ausbildungs- und Arbeitsplätze verloren. Die Folge war eine massenhafte Arbeitslosigkeit.[50]

Bezogen auf den beruflichen Werdegang konnten sie eine bessere Ausbildung erfahren als ihre Eltern und verfügen bisweilen über einen breiten Erfahrungs- und Wissensschatz.[51] So gehen zahlreiche Innovationen und Produktivitätsfortschritte auf Angehörige der Babyboomer-Generation zurück. Wenn bald Millionen Vertreter der alten Generation das Unternehmen verlassen und den Ruhestand antreten, findet damit ein Wegfall der Erfahrung und des Wissens statt.[52] Zudem gehen den Unternehmen ehrgeizige Arbeitnehmer und sog. *Workaholics* verloren.[53] Nicht zuletzt wird der Alterskohorte eine höhere Sozialkompetenz zugeschrieben, denn sie gilt als teamfähig, hilfsbereit und kooperationsfähig. Das sind Eigenschaften, die durch Gruppen und eine Vielzahl von Menschen entstehen.[54]

Heutebewegen sich die 56 bis 70-jährigen Babyboomer privat oft zwischen Kindeserziehung bzw. Enkelbetreuung und der Unterstützung der eigenen Eltern.[55]

2.2.2 Generation X

Die Generation X (Geburtsjahr ca. 1965–1979) hat im Gegensatz zu der sorglos und optimistisch aufgewachsenen Babyboomer-Generationnicht viel Zeit mit ihren Eltern verbracht und musste dadurch schneller erwachsen werden, als es bei den Generationen vor ihnen üblich war.[56] Die Begriffsbezeichnung *Generation X*geht auf den gleichnamigen Roman von Coupland zurück, der 1991 unter dem Titel *Generation X – Geschichten für eine immer schneller werdende Kultur* Kritik am Wohlstand der vorherigen Generationen äußertesowieeinen Vergleich zwischen den Werten der damaligen Jugend und der Eltern zog.[57] Ebenso geht der Ausdruck *Generation Golf* auf einen autobiografischen Roman von Illies (2000) zurück, in dem er das

---

[50] Vgl. *Bruch, H. et al.*, Generationen, 2010, S. 102 ff.;Vgl. *Eberhardt, D.*, Generationen, 2016, S. 39.
[51] Vgl. *Oertel, J.*, Baby Boomer, 2014, S. 39.
[52] Vgl. *Voelpel, S. et al.*, Herausforderung, 2007, S. 44.
[53] Vgl. *Oertel, J.*, Generationenmanagement, 2007, S. 26.
[54] Vgl. *Bruch, H. et al.*, Generationen, 2010, S. 104.
[55] Vgl. *Oertel, J.*, Baby Boomer, 2014, S. 39.
[56] Vgl. *Mangelsdorf, M.*, Babyboomer, 2015, S. 16.
[57] Vgl. *Parment, A.*, Generation Y, 2013, S. 7.

individualistische Lebensgefühl und das behütete Aufwachsen in den1980er und 1990er Jahren thematisierte.[58]

In der Kindheit verbrachte die Generation Golf viel Zeit mit sich selbst und mit ihren Geschwistern, während beide Elternteile ihrer Arbeit nachgingen. Zu dieser Zeit wurde es normal, dass auch die Mütter für den Lebensunterhalt aufkamen, arbeiten gingen und nicht nur Haushalt und Kinder versorgten.[59] Einige Kinder prägteauch die Scheidung ihrer Eltern, andere erlebten generell Trennungen durch die Ausübung des Berufs mit. Trotz der höheren Scheidungsrate handelt es sich bei den Vertretern der Generation. X um Wunschkinder, da sich mit Einführung der Pille bewusst für ein Kind entschieden wurde. Die Kinder erhielten daher sowohl von den Eltern als auch von den Großeltern große Unterstützung und legten Wert auf eine gute schulische Ausbildung.[60]

Die Generation X gilt als individualistisch und grenzt sich dadurch vom kollektivistischen Gruppenverhalten der Babyboomer ab.[61] Die anerkannten Rollenbilder galten als zeitlich überholt. Ihnen wurde es zunehmend bedeutend, ihre Meinung in Form von Protesten nach außen zu tragen, Autoritäten zu hinterfragen und sich generell von der Harmonie und der Demokratie nicht blenden zu lassen. Der Trend zum Individualismus führte bei jungen Menschen dazu, dassdiese die Wertvorstellungen der Eltern seitens der Moral und der Gesellschaft ablehnten.[62] Viele assoziierten daher mit der Generation X negative Aspekte.

Weiterhin hat die Generation X Krisen, wie die Tschernobyl-Katastrophe und den RAF- und IRA-Terrorismus miterlebt, was bei der Alterskohorte zunehmend das Vertrauen in die Politik zerstörte. Auch der Mauerfall im Jahr 1989 konnte die Stimmung nicht bessern.[63] Resümiert betrachtet, gelten das Unglück von Tschernobyl und der Mauerfall als die prägendsten Ereignisse der Generation Golf in Deutschland.[64]Außerdem hat sie die Medienrevolution bereits in ihrer Kindheit beeinflusst. Oertel bezeichnet sie daher als Medienkinder[65], denn neben dem Walkman und

---

[58]Vgl. *Eberhardt, D.*, Generationen, 2016, S. 40; Vgl. *Klaffke, M.*, Generationen-Management, 2014a, S. 13.
[59]Vgl. *Mangelsdorf, M.*, Babyboomer, 2015, S. 16.
[60]Vgl. *Oertel, J.*, Baby Boomer, 2014, S. 45 f.
[61]Vgl. *Scholz, C.*, Generation Z, 2014, S. 34.
[62]Vgl. *Mangelsdorf, M.*, Babyboomer, 2015, S. 17;Vgl. *Parment, A.*, Generation Y, 2013, S. 3 f.
[63]Vgl. *Oertel, J.*, Baby Boomer, 2014, S. 45 f; Vgl. *Mangelsdorf, M.*, Babyboomer, 2015, S. 16.
[64]Vgl. *Klaffke, M.*, Generationen-Management, 2014a, S. 12.
[65]Vgl. *Oertel, J.*, Generationenmanagement, 2007, S. 168.

Gameboy, den jeder hatte[66], breiteten sich Computer, E-Mails, Videorekorder und CDs schnell aus. Dementsprechend technologieaffin ist die Generation X.[67]

Beruflich gesehen sind die Angehörigen dieser Generation gut ausgebildet. Die Internationalisierung hat sich sowohl in Form von Sprachunterricht und Auslandsaufenthalten als auch durch Fernsehsendungen in englischer Sprache manifestiert.[68] Zudem wurden Schulnoten und dem Schulabschluss eine größere Bedeutung zugeschrieben. Dennoch erreichten lediglich 17 von 100 Schülern die gymnasiale Reife.[69] Im Beruf haben sich flexible Arbeitszeitmodelle und Homeoffice einer aktiven Nutzung erfreut, v. a. um Familie und Beruf zu kombinieren.[70] Dank des Aufbruchs der klassischen Rollenverteilung teilten sich nun Mutter und Vater die Herausforderung der Vereinbarkeit von Familie und Beruf – auch wenn die größere Last weiterhin auf der Frau lag.[71]

2.2.3 Generation Y

Der Begriff der Generation Y umfasst diejenigen Menschen, die ca. von 1980 bis 1994 geboren worden sind. Erstmalig kam der Begriff in der 1993 publizierten Zeitschrift *Ad Age* auf. Mit dem Buchstaben Y wird zum einen das Alphabet weitergeführt und an die Vorgängergeneration X angeknüpft, zum anderen steht er für *why* (deutsch: warum) als Sinnbild für das ständige Hinterfragen. Darüber hinaus werden die Vertreter dieser Generation je nach Quelle auch als Millennials,[72] Generation Praktikum[73], Netzkinder[74] oder Spaßgeneration[75] charakterisiert. Diese ist in einer unbeständigen, globalisierten Welt groß geworden, in der sie den Amoklauf von Erfurt, den Untergang der Estonia sowie das wahrscheinlich prägendste Ereignis, den Terroranschlag am 11. September 2001, miterlebte.[76] Außerdem sind die Angehörigen der Generation Y in einer Zeit aufgewachsen, in der sich das

---

[66] Vgl. *Maas, R.*, Generation Z, 2019, S. 8.
[67] Vgl. *Oertel, J.*, Baby Boomer, 2014, S. 46.
[68] Vgl. *Eberhardt, D.*, Generationen, 2016, S. 41; Vgl. *Oertel, J.*, Baby Boomer, 2014, S. 46.
[69] Vgl. *Maas, R.*, Generation Z, 2019, S. 8.
[70] Vgl. *Klaffke, M.*, Generationen-Management, 2014a, S. 18; Vgl. *Eberhardt, D.*, Generationen, 2016, S. 41.
[71] Vgl. *Eberhardt, D.*, Generationen, 2016, S. 41.
[72] Vgl. *Klaffke, M.*, Millennials und Generation Z, 2014, S. 59.
[73] Vgl. *Parment, A.*, Generation Y, 2013, S. 25.
[74] Vgl. *Oertel, J.*, Generationenmanagement, 2007, S. 168.
[75] Vgl. *Mangelsdorf, M.*, Babyboomer, 2015, S. 18.
[76] Vgl. *Bruch, H. et al.*, Generationen, 2010, S. 109.

Internet entwickelt und verbreitet hat.[77]Daher bezeichnet Prensky die Generationsangehörigen metaphorisch als *Native Speaker* und damit als Personen, die die digitale Sprache des Computers, des Internets und der Videospiele ohne Akzent sprechen können.[78]

Die Eltern der Generation Y haben von ihren Eltern wenig Aufmerksamkeit erfahren.Deshalb erhalten die eigenen Kinder nun umso mehr Zuwendung und werden mit Anerkennung, Wertschätzung sowie Aufmerksamkeit verwöhnt. Die Generation Y erhielt jegliche Unterstützung und wurde von den Eltern behütet und gefördert und auf schwierigen Wegen begleitet. Wenn Führungskräfte und Vorgesetzte anders agieren und ihnen nicht die bekannte Unterstützung bieten, sind die Vertreter der Generation Y verwirrt. Weil die Eltern stets für ihre Kinder da sind, gelten sie als ‚Helikopter-Eltern'.[79]

Die formative Phase wurde maßgeblich durch das Internet und die Digitalisierung, den Individualisierungsdrang, die Konsumauswahl und daserweiterte Medienangebot geprägt. Das Internet zählt nach der Erfindung des Buchdrucks zu der bedeutendsten Entwicklung des Informationswesens. Dabei ist v. a. zu beobachten, dass nichtmehr nur der Wunsch nach Teilhabe und Zugang im Vordergrund steht, sondern eine konkrete Partizipation und Vernetzung seit dem Bestehen von Social Media, z. B. Facebook und YouTube.[80] Dem Unternehmen kommt dies zugute, denn die Millennials bestätigen den positiven Einfluss sozialer Netzwerke auf ihre Arbeitsleistung.[81]

Durch die mediale Ausweitung und Fernsehserien wie *Sex and the City* eröffnete sich der Generation Y eine neue Welt, die nicht durch traditionelle Werte geleitet sein muss. Andere Formate vermitteln zudem, dass auch ein erfolgreiches Leben möglich ist, wenn typische Karrierevoraussetzungen nicht gegeben sind.[82]

In die Arbeit haben die Eltern der Generation Y stets viel Zeit und Energie investiert und sind dabei ihrem Arbeitgeber treu geblieben. Doch auch Loyalität und Fleiß

---

[77]Vgl. *Eberhardt, D.*, Generationen, 2016, S. 42.
[78]Vgl. *Blair, K. et al.*, Cross Currents, 2014, S. 46.
[79]Vgl. *Mangelsdorf, M.*, Babyboomer, 2015, S. 18 f.
[80]Vgl. *Klaffke, M.*, Millennials und Generation Z, 2014, S. 60; Vgl. *Parment, A.*, Generation Y, 2013, S. 22; Vgl. *Klaffke, M.; Parment, A.*, Millennials, 2011, S. 9.
[81]Vgl. *Parment, A.*, Generation Y, 2009, S. 105.
[82]Vgl. *Klaffke, M.*, Millennials und Generation Z, 2014, S. 61; Vgl. *Parment, A.*, Generation Y, 2013, S. 23; Vgl. *Klaffke, M.; Parment, A.*, Millennials, 2011, S. 10.

schützte sienicht vor Entlassungen. Dies hat die Generation schnell verstanden und arbeitet deshalb nach dem Credo *Arbeit dient der Selbstverwirklichung*. Solange der Arbeitsplatz ins Leben passt, erfüllt er den Zweck.[83] Grundsätzlich erwartet die Generation Y Entwicklungsmöglichkeiten, ein Mitspracherecht, Feedbackssowie eine sinnhafte Arbeit.[84]Unabdingbar ist für sie jedoch die Vereinbarkeit von Familie, Beruf und Privatleben, im Fachjargon die Work-Life-Balance. Die Vergütung und die Option auf Karriere sind eher zweitrangig.[85]

Heute sind die Millennials ungefähr 26 bis 40 Jahre alt und genießen ihr Leben frei nach dem Motto *Live for the moment*.[86]

2.2.4 Generation Z

Den Mittelpunkt dieser Arbeit bildet die tendenziell ab 1995 geborene Generation Z.[87]Dabei sei an dieser Stelle nochmals erwähnt, dass die Generationszugehörigkeit nicht nur am Alter festzumachen ist. Es steht jedoch fest, dass die Generation Z die logische Folgerung auf die vorherigen Generationen X und Y darstellt.[88]Die Vertreter dieser Generation sind mittlerweile zwischen 11 und 25 Jahre alt und stehen zum Teil schon im Berufsleben. Der größte Teil hingegen befindet sich noch in der Schul-, Ausbildungs- oder Studiumsphase.[89]

Manche Autoren verwenden neben der obligatorischen Bezeichnung der Generation Z den der Digital Natives.[90] Da dieser Begriff auch für die Generation Y Anwendung findet, ist die bestehende Fachliteratur mit Vorsicht zu lesen.[91] Maas sieht die Angehörigen der Generation Z jedoch erweiternd als Social-Media-Natives an.[92] Dies unterstreicht die Tatsache, dass 94 % der Jugendlichen mindestens an einem

---

[83]Vgl. *Mangelsdorf, M.*, Babyboomer, 2015, S. 19.
[84]Vgl. *Eberhardt, D.*, Generationen, 2016, S. 42.
[85]Vgl. *Parment, A.*, Generation Y, 2013, S. 27.
[86] Vgl. *Klaffke, M.; Parment, A.*, Millennials, 2011, S. 10.
[86]Vgl. *Mangelsdorf, M.*, Babyboomer, 2015, S. 18.
[87]Vgl. *Eberhardt, D.*, Generationen, 2016, S. 25; Vgl. *Hesse, G. et al.*, Employer Branding, 2019, S. 72;Vgl. *Klaffke, M.*, Millennials und Generation Z, 2014, S. 61; Vgl. *Scholz, C.*, Generation Z, 2014, S. 31.
[88]Vgl. *Scholz, C.*, Generation Z, 2014, S. 31.
[89]*Maas, R.*, Generation Z, 2019, S. 11.
[90]Vgl. *Hesse, G. et al.*, Employer Branding, 2019, S. 77.
[91]Vgl. *Klaffke, M.*, Millennials und Generation Z, 2014, S. 69.
[92] Vgl. *Maas, R.*, Generation Z, 2019, S. 11.

sozialen Netzwerk partizipieren und diese zur häufigsten Freizeitaktivität zählen.[93] Scholz nutzt zudem die metaphorische Bezeichnung der Generation Zombie und spielt darauf an, dass Zombies ansteckend sind und andere Generationen in ihren Bann ziehen. Ebenfalls wirken die 11- bis 25-Jährigendurch ihre Art, traditionelle Wertemuster nicht weiterzuführen, als angsteinflößend und unberechenbar.[94]Weitere Bezeichnungen, oft auch bildliche, finden in der Literatur Verwendung und werden im Laufe der Arbeit abwechselnd im Kontext aufgeführt.

Eine Vielzahl von Trends, die bereits das Aufwachsen der Generation Y geprägt haben, finden sich auch in der Generation Z wieder. Dazu zählen u. a. die Globalisierung und die Ökonomisierung der Wirtschaft, das Personalisierungsangebot im Konsumbereich und eine damit einhergehende Entstandardisierung sowie der Durchbruch der Digitalisierung. Weitere Trends zeigen sich in der Wohlstandspolarisierung und in der zunehmenden kulturellen Vielfalt.[95]

Eine starke Aufmerksamkeit liegt zudem auf dem Fachkräftemangel, der sich als Folge aus dem demografischen Wandel begründet. Dementsprechend hat die Generation Z die Möglichkeit, ihre Forderungen an den Arbeitgeber zu stellen. Primäres Zielliegt dabei in der Maximierung der Lebenslust und des Einkommens. Um dieses Ziel zu erreichen,stützt sich die Alterskohorte, im Gegensatz zu den Generationen vorher, auf neue Verhaltens- und Arbeitsmuster.[96]

---

[93]Vgl. *Suter, L. et al.*, JAMES, 2018, S. 44.
[94]Vgl. *Scholz, C.*, Generation Z, 2014, S. 12 f.
[95]Vgl. *Klaffke, M.*, Millennials und Generation Z, 2014, S. 70.
[96]Vgl. *Hesse, G. et al.*, Employer Branding, 2019, S. 59

Abbildung 2: Thematiken im Verlauf dieser Arbeit

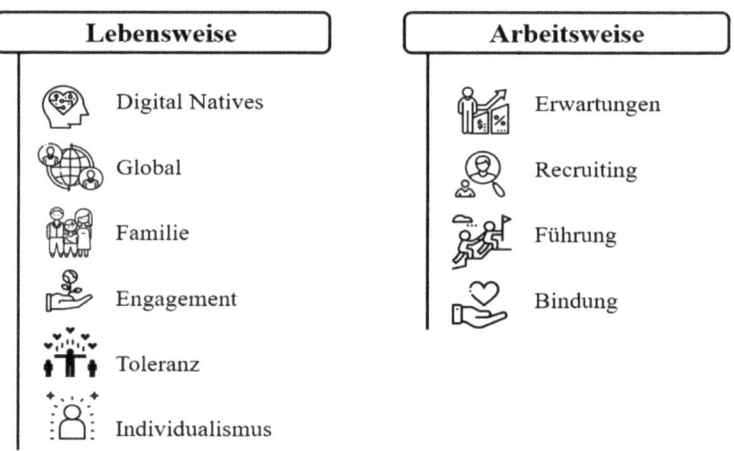

Quelle: Eigene Darstellung[97]

Damit ein umfassendes Verständnis für die Arbeitsweise und die Absichten erzielt werden kann, werden in Kapitel 4 neben den allgemeinen Erwartungen an die Arbeitswelt das Recruiting, die Führung und die Bindung der Generation Z thematisiert (Abbildung 2).

Die Altersklasse Z ist schon seit der Kindheit von Medien und Technologien umgeben. Freundschaften werden über den Globus hinweg und virtuell geschlossen statt wie damals spontan auf der Straße. Ebenso präsent ist die oftmals vielfältig strukturierte Familie, die für ein wohlbehütetes Aufwachsen und für Rückhalt sorgt. Dieses Sicherheitsgefühl spiegelt sich auch im Anspruch an andere wider. Weiterhin zählt die Gleichstellung von Mann und Frau für die Mehrheit mittlerweile zur Normalität. Ebenso normal sind die Globalisierung und die Vielfalt. Für die Bildung und die Karriere kann die Generation Z aus einem breiten Spektrum das passende

---

[97] https://thenounproject.com/term/digital-native/2677430/, Zugriff am 01.11.2020; https://thenounproject.com/term/connected/2360746/, Zugriff am 01.11.2020; https://thenounproject.com/term/family/1176469/, Zugriff am 01.11.2020; https://thenounproject.com/term/give-flower/904473/, Zugriff am 01.11.2020; https://thenounproject.com/term/generous/2046670/, Zugriff am 01.11.2020; https://www.flaticon.com/free-icon/famous_992589, Zugriff am 01.11.2020, https://www.flaticon.com/free-icon/consumer_1935639, Zugriff am 01.11.2020; https://thenounproject.com/term/recruitment/1876449/, Zugriff am 01.11.2020; https://www.flaticon.com/free-icon/leadership_860398, Zugriff am 01.11.2020; https://www.flaticon.com/free-icon/heart_1692130, Zugriff am 01.11.2020.

Bildungsangebot auswählen.[98]Siestrebtdabei einen höheren Bildungsabschluss an, als es noch bei den Babyboomern und der Generation Y der Fall war.So haben 1955 nur 16 % das Gymnasium besucht, wohingegen es im Jahr 2013 bereits 38 % waren. Weiterhin stellt der Besuch der Hauptschule mit 14 % im Gegensatz zu 75 % im Jahr 1955 eine Seltenheit dar.[99]

Die Lebensziele der jungen Generation liegen trotz höherem Bildungsabschluss nicht zwangsläufig darin, erfolgreich im Beruf zu sein. Gute Freunde zu besitzen, gesund zu sein und eine Familie zu haben, zählt für die Jugend zu den wesentlichen Eigenschaften im Leben. Erst danachpräferiert sie einen sicheren Arbeitsplatz und eine finanzielle Unabhängigkeit.[100]

Auf diese und weitere Schwerpunkte im Leben der Generation Z wird, wie Abbildung 2 zeigt, im folgenden Kapitel eingegangen.

---

[98]Vgl. *Mangelsdorf, M.*, Babyboomer, 2015, S. 20 f.
[99] Vgl. *Deutscher Bundestag*, Jugendbericht, 2017, S. 155.
[100]Vgl. *McDonald's*, Ausbildungsstudie, 2019, S. 15.

3 Lebensweise und Charakteristika der Generation Z

Unternehmen haben sich erst ansatzweise mit den Millennials beschäftigt, doch nun rückt die von Mobilität gekennzeichnete Generation Z auf den Arbeitsmarkt. Titelblätter geben den Ratschlag, dass man die Generation Y vergessen solle, um den Fokus auf die junge Alterskohorte legen zu können. Die Gesellschaft, inklusive der Firmen,hat sich zu spät auf die Millennials eingestellt. Diesen Fehler gilt es, diesmal durch eineschnellere und angemessenere Reaktion auf die Generation Z, zu unterbinden. Schritt 1 zum umfassenden Verständnisaufbau der Generation Z bedarf daherder Analyse ihrerCharakteristika.[101]

3.1 Digital Natives: Leben in und mit der digitalen Welt

Im Gegensatz zu den Babyboomern und den Generationen X und Y, die auch als Digital Immigrants bezeichnet werden, ist die um 1995 geborene Generation Z mit dem Internet, Computer und Smartphone aufgewachsen. Sie konnte sich daher den Umgang mit der Technik ohne große Mühe aneignen. Dementsprechend selbstverständlich bewegtsie sich in der digitalen Welt,[102]so wie die Tagesschau am Abend für die Babyboomer zur täglichen Routine gehört.[103] Mittlerweile nutzen zwar auch die Eltern der Vertreter der Generation Zdie digitalen Medien mit Bravour, dennoch fühlt sich die Jugend in diesemBereich überlegen.[104]Wie unerlässlich ihr Smartphone für sie ist, betont der Autor Horst Hanisch, indem er den Vergleich anbringt, dass die Wegnahme des Smartphones eine ähnliche Unzufriedenheit hervorruft, wie wenn der Zugang in die eigenen vier Wände für einen längeren Zeitraum verwehrt werden würde.[105] Das Handy begleitet die Vertreter der Generation Z in allen Lebenslagen, v. a. auch wegen seiner All-in-One-Funktion. Es dient zugleich als Informationsquelle sowie zur Navigation, Kommunikation und Unterhaltung und gilt daher als unentbehrlich. So ist es möglich, von einer emotionalen Verbundenheit

---

[101]Vgl. *Scholz, C.,* Generation Z, 2014, S. 31.
[102]Vgl. *Hesse, G. et al.,* Employer Branding, 2019, S. 72.
[103]Vgl. *Scholz, C.,* Generation Z, 2014, S. 87.
[104] Vgl.*https://www.shell.de/ueber-uns/shell-jugendstudie/_jcr_content/par/toptasks.stream/1570708341213/4a002dff58a7a9540cb9e83ee0a37a0ed8a0fd55/shell-youth-study-summary-2019-de.pdf,* Zugriff am 06.11.2020.
[105]Vgl. *Hanisch, H.,* Generation Z, 2019, S. 29.

zu sprechen.[106]Maas geht noch weiter und zählt Akku und WLAN in der Maslowschen Bedürfnispyramide zu den Grundbedürfnissen.[107]

Abbildung 3: Erweiterung der Grundbedürfnisse nach Maas

Quelle:*Maas, R.*, Generation Z, 2019, S. 38

Wie Wasser und Strom sichern Akku und WLAN die Grundversorgung derGeneration Z.[108]Folgende Umfrageergebnisse sprechen hierbei für sich: Ab 12 Jahren benutzt fast jedes Kind ein Smartphone (97 %) und mit 10 Jahren besitzen drei Viertel ein eigenes. Im Ranking folgt nach dem Besitz des Smartphones der Computer, gefolgt von Fernseher und Tablet.[109] Die technologische Basis der Digital Natives besteht neben einem vollen Akku, einem WLAN-Anschluss und diverser digitaler Geräte aus einem regen Social-Media-Auftritt und -Austausch.[110] Damit die Nutzer nicht in Vergessenheit geraten und präsent für ihre Follower bleiben, ist ein kontinuierliches Posten und Liken erforderlich. Dabei zeigen sie den eigenen Fortschritt und werden von anderen darin bekräftigt, was zum einen der Fremd- und zum anderen der Selbstbestätigung dient. Was gepostet wird, ist dabei egal, bedeutend ist

---

[106]Vgl. *Calmbach, M. et al.*, Jugendliche, 2016, S. 176.
[107] Vgl. *Maas, R.*, Generation Z, 2019, S. 38.
[108]Vgl. *Calmbach, M. et al.*, Jugendliche, 2016, S. 184.
[109]*Vgl. https://www.bitkom.org/sites/default/files/2019-05/bitkom_pk_charts_kinder_und_jugendliche_2019.pdf*, Zugriff am 06.11.2020.
[110]Vgl. *Scholz, C.*, Generation Z, 2014, S. 95.

nur, auf sich aufmerksam zu machen.[111]Das Sammeln von Freunden und Likes in sozialen Netzwerken kommt dem Vergleich mit der Briefmarkensammlung nahe.[112]Sie wollen jedoch nicht nur nicht in Vergessenheit geraten – sie wollen auch alles wissen. Der Begriff, der in diesem Zusammenhang aufkommt, lautet FOMO. Er stammt aus dem Englischen, steht für *fear of missing out* und meint damit die Angst, etwas zu verpassen.[113]

Bei der Wahl der sozialen Netzwerke und der Messenger liegt WhatsApp auf Platz 1 bei den 10- bis 18-Jährigen, dicht gefolgt von Video- und Fotosharing-Diensten wie Instagram, Snapchat und YouTube. Auffällig ist, dassinsbesondere Kinder im Alter von 10 bis 11 Jahren TikTok nach WhatApp bevorzugen, wohingegen im höheren Alter TikTok als unbeliebtestes Medium angesehen wird.[114] Den Messenger WhatsApp nutzen alle Befragten und niemand könnte eine Person aufzählen, die diesen Kanal oder vergleichbare Kanäle nicht verwendet. Zur Freundesliste können die Jugendlichen bis zu fünfzig Kontakte zählen, wovon mit zwanzig Personen ein regelmäßiger Austausch stattfindet.[115]

Hingegen lässt der Andrang der jungen Generation bei Facebook, dem sozialen Netzwerk der Millennials, stark nach. Insgesamt drei Millionen Jugendliche haben Facebook innerhalb von drei Jahren verlassen. Ein Anstieg der Nutzerzahlen ist wieder ab einem Alter von 25 zu verzeichnen. Bei den Jahrgängen über 55 Jahre haben sich die Nutzer fast verdoppelt.[116]Somit lässt sich das abnehmende Interesse der Generation Z damit begründen, dass Facebook „immer mehr zu einem sozialen Netzwerk der älteren Generation"[117]wird. Das Internet dient den Digital Natives aber nicht nur als reines Unterhaltungs- und Kommunikationsmedium, sondern auch zur Informationssuche. Alle Jugendlichen benutzen Google mehrmals täglich

---

[111]Vgl. *Hanisch, H.*, Generation Z, 2019, S. 31.
[112]Vgl. *Scholz, C.*, Generation Z, 2014, S. 93.
[113] Vgl. *Maas, R.*, Generation Z, 2019, S. 97.
[114]*Vgl. https://www.bitkom.org/sites/default/files/2019-05/bitkom_pk-charts_kinder_und_jugend-liche_2019.pdf*, Zugriff am 06.11.2020.
[115] Vgl.*https://www.shell.de/ueber-uns/shell-jugendstudie/_jcr_content/par/toptasks.stream/1570708341213/4a002dff58a7a9540cb9e83ee0a37a0ed8a0fd55/shell-youth-study-summary-2019-de.pdf*, Zugriff am 06.11.2020.
[116] Vgl.*https://isl.co/2014/01/3-million-teens-leave-facebook-in-3-years-the-2014-facebook-demographic-report/*, Zugriff am 06.10.2020.
[117]*Hesse, G. et al.*, Employer Branding, 2019, S. 76.

und 71 % suchen täglich nach allgemeinen Informationen im Netz, sei es für Schule, Studium, private Zwecke oder den Beruf.[118]

Die digitale Versiertheit der Generation Z findet sich außerdem im Konsumbereich wieder.[119] Scholz beschreibt die Vertreter dieser Altersklasse daher als ideale Konsumenten, die stets online, immer mit anderen vernetzt und v. a. bequem sind. Die Faszination des schnellen und unkomplizierten Kaufaktes vom Sofa aus oder das entspannte Videostreaming auf Netflix hat dazu geführt, dass altbekannte Marketingprinzipien abgelöst werden. So muss kein Produkt im Laden mehr ausgelegt und beworben werden.[120] Netflix löst bspw. klassische Videotheken ab, im Fachjargon wird dies als disruptive, ablösende Innovation bezeichnet. „Es ist eher die Bequemlichkeit der heranwachsenden Generationen, die es uns schwer macht", lautet die bestätigende Antwort eines Millennials, dessen Eltern im Jahr 2020 ihre Videothek aufgrund gesellschaftlicher Veränderungen schließen mussten.[121] Das Anschauen von Filmen, Serien und Videos online ist für 45 % der Jugendlichen von Bedeutung und hat im Vergleich zu 2015 mit 15 % stark zugenommen.[122] Streaming-Dienste haben das klassische Fernsehen insbesondere bei Heranwachsenden abgelöst. Ebenso findet das Radio weniger Anklang als früher, denn hier wird auf Spotify zurückgegriffen.[123]

Ferner nimmt die Generation Z ihre persönlichen Daten ernst und achtet mehr als die Generationen vor ihrdarauf, welche Informationen sie in welchem Umfang freigibt. Negative Erfahrungen, die z. B. vom Jobverlust aufgrund öffentlicher unsozialer Verhaltensweisen berichten, gibt es reichlich. Dadurch werden die Vertreter dieser Generationim Hinblick auf ihre Datenfreigabe sensibilisiert. Sie erkennen das Risiko an, durchleuchtet oder fremdgesteuert zu werden und wägen die Postings in sozialen Medien dementsprechend ab. Snapchat spricht v. a.um den DatenschutzBesorgte an, weil die App dem Wunsch auf Vergessen nachkommt, im Gegensatz zur Plattform Facebook, auf der die Postings stringent nachvollziehbar

---

[118] Vgl.https://www.shell.de/ueber-uns/shell-jugendstudie/_jcr_content/par/toptasks.stream/1570708341213/4a002dff58a7a9540cb9e83ee0a37a0ed8a0fd55/shell-youth-study-summary-2019-de.pdf, Zugriff am 06.11.2020.
[119] Vgl. *Kring, W.*, Hurrelmann, K., Generation Z, 2019, S. 16.
[120] Vgl. *Scholz, C.*, Generation Z, 2014, S. 88 ff.
[121] *Wibbeke, M.*, Popkultur, 2020, S. C1.
[122] Vgl.https://www.shell.de/ueber-uns/shell-jugendstudie/_jcr_content/par/toptasks.stream/1570708341213/4a002dff58a7a9540cb9e83ee0a37a0ed8a0fd55/shell-youth-study-summary-2019-de.pdf, Zugriff am 06.11.2020.
[123] Vgl. *Hesse, G. et al.*, Employer Branding, 2019, S. 73.

sind.[124] Grundsätzlich besteht Einigkeit darüber, nicht wahllos private Informationen und Fotos zu posten, wenn der Empfänger unsicher ist und dadurch private oder berufliche Konsequenzen folgen.[125] Für den Markt reichen die Informationsangaben dennoch aus, die Generation Z als den „perfekt gläsernen Kunden" zu charakterisieren.[126]

Gewiss ist die Generation Z *always on*, doch sie ist nicht bereit, auch für Firmen ständig verfügbar zu sein.[127] Die Erwartungen der Digital Natives an das Arbeitsleben werden in Kapitel 4.1 näher betrachtet.

3.2 Global

Die Generation Z ist globaler als jede Alterskohorte zuvor. Aufgrund der Globalisierung und der fortschreitenden Technologie werden die Vertreter der Generation Z durch dieselben Modeinteressen, sozialen Trends, Filme und dasselbe Essen beeinflusst. Egal wo – ob von zu Hause aus oder im Urlaub– sie sind stets vernetzt und online.[128]

Ebenso globalisiert und teils demokratisiert ist das Wissen. Mithilfe des World Wide Web, von Google, Wikipedia u. v. m. steht das Wissen jedermann zur Verfügung.[129] Selbst Informationen, die einst nur Experten zugänglich waren, sind mit Geschick abrufbar. Um daraus einen Nutzen ziehen zu können, bedarf es jedoch der Kompetenz, das zum Teil täglich aktualisierte Informationsmaterial angemessen nach seiner Relevanz zu selektieren.[130] Da im Internet die letzten Jahre Wissen digitalisiert worden ist, können die Digital Natives zielorientiert danach suchen. Der Nachteil ist dabei folgender: Die Angehörigen der Generation Z wissen immer weniger, können Fachwissen nicht ad hoc abrufen und sind über allgemeine Sachverhalte weniger informiert. Sie wissen jedoch, wie und wo sie nach dem Wissen zu suchen haben.[131]

---

[124] Vgl. *Hesse, G. et al.*, Employer Branding, 2019, S. 77 f.
[125] Vgl. *Calmbach, M. et al.*, Jugendliche, 2016, S. 195.
[126] *Scholz, C.*, Generation Z, 2014, S. 93.
[127] Vgl. *Scholz, C.*, Generation Z, 2014, S. 88 ff.
[128] Vgl. *McCrindle, M.; Fell, A.*, Generation Z, 2019, S. 11.
[129] Vgl. *http://www.sprachenrat.bremen.de/files/aktivitaeten/Generation_Z_Metastudie.pdf*, Zugriff am 06.11.2020.
[130] Vgl. *McDonald's*, Ausbildungsstudie, 2019, S. 6.
[131] Vgl. *Scholz, C.*, Generation Z, 2014, S. 127.

Ein weiterer Vorteil der Globalisierung besteht in der Aufhebung der Landesgrenzen. Folglich hat die Generation Z die Möglichkeit, individuell zu entscheiden, wo sie studiert, arbeitet und wohin sie reisen möchte.[132] Es bietet ihr die Option, Auslandsaufenthalte während der Studienzeit zu erleben, andere Länder in der Freizeit zu erkunden oder der Arbeit wegen zu besuchen. Die Reisen und neuen Eindrücke beeinflussen die Lebensweise der Angehörigen der Generation Z[133] und ermöglichen ihnen einen größeren beruflichen Entfaltungsspielraum bei der Wahl ihres Arbeitsortes.[134] Dabei kommt dem Umgang mit der englischen Sprache eine essentielle Rolle zu.[135] Zudem ermöglicht das Reisen, das in der heutigen Zeit unkomplizierter und kostengünstiger ist, weltweit neue Kontakte herzustellen. Dank Social Media und Messenger-Diensten können die neuen Bekanntschaften auch problemlos gehalten werden.[136] Mittels Online-Communitys, wie Gaming-Communitys, können ferner interessenorientierte Beziehungen eingegangen und diese global gepflegt werden. Diese Art der Vergemeinschaftung stellt für Jugendliche eine natürliche Freizeitbeschäftigung dar.[137]

Nicht zuletzt profitiert die Alterskohorte von großen Konsummöglichkeiten, die keine Grenzen kennen. So kann sie Güter von überall aus der Welt erwerben sowie sicher bezahlen und das rund um die Uhr.[138]

3.3 Eltern-Kind-Beziehung

Die Generation Z ist mit verschiedenen Synonymen beschreibbar. Wenn es um die Beziehung zur Familie oder zu den Eltern geht, kommt der Vergleich der *Snowflake* auf, denn die Generation Z wird als ebenso verletzlich angesehen wie eine kleine, schnell schmelzende Schneeflocke.[139] Mutter und Vater sind daher stets besorgt und achten darauf, wo sich ihre Kinder tagtäglich aufhalten.[140] „Die Betreuung der Generation Z durch ihre Eltern entspricht dabei eher der Natur der Kaiserpinguine und Orang-Utans (intensive Betreuung) als der Natur von Schildkröten und Haien

---

[132] Vgl. *McCrindle, M.; Fell, A.*, Generation Z, 2019, S. 15.
[133] Vgl. *Hesse, G. et al.*, Employer Branding, 2019, S. 86; Vgl. *Parment, A.*, Generation Y, 2013, S. 21.
[134] Vgl. *Hanisch, H.*, Generation Z, 2019, S. 33.
[135] Vgl. *McDonald's*, Ausbildungsstudie, 2019, S. 6.
[136] Vgl. *Liebermeister, B.*, Digital, 2017, S. 85.
[137] Vgl. *Deutscher Bundestag*, Jugendbericht, 2017, S. 281 ff.
[138] Vgl. *Hanisch, H.*, Generation Z, 2019, S. 30.
[139] Vgl. *Maas, R.*, Generation Z, 2019, S. 11.
[140] Vgl. *Kring, W.*, Hurrelmann, K., Generation Z, 2019, S. 20.

(wenig Betreuung)."[141] Für ihre Kinder übernehmen sie gern die Rolle der Behütenden und das nicht nur zu Zeiten des Kindergartens, sondern auch noch beim Berufseinstieg. Entweder tun sie das, weil sie die Fürsorge in ihrer Kindheit selbst nicht erfahren durften (Generation X) oder um des Ehrgeizeswillen (Generation Y).[142] Das ‚Helikopter-Eltern'-Syndrom ist nicht neu, hat jedoch an Intensität stark zugenommen. Vor allem nach vermehrten Negativschlagzeilen von Bombenanschlägen, Schießereien an Bildungseinrichtungen, Kindesentführungen usw. versuchen sie Schutzmauern um ihre Snowflakes aufzubauen.[143] Die Eltern der Angehörigen der Generation Z sind zugleich Berater, Unterstützer und Coaches[144], ebenfalls wenn es um Themenwie Jobsuche, Bewerbung und Universität geht.[145]

Die Familie, primär die Eltern, bieten ihren Kindern, die der Generation Z angehören, Schutz und Geborgenheit in jeder Lebenslage. Auch wenn sie nicht mehr zu Hause wohnen, gilt die Familie als bedeutendste Anlaufstelle.[146] Sie genießen es, umsorgt zu werden und fordern es der Gewohnheit halber auch ein – ebenfalls vom Arbeitgeber. Wird dieses Bedürfnis nicht gestillt sind Unsicherheit und Verständnislosigkeit typische Verhaltensreaktionen. Genau wie in der Tierwelt sind das Abkoppeln und das aus dem Nest-geworfen-Werden widerwilligeAkte des Kindes.[147] Gemäß der Shell-Jugendstudie kommen vier von zehn Jugendlichen sehr gut mit ihren Eltern aus, auch bei der Hälfte ist es trotz Meinungsverschiedenheiten so. Die Erziehung würden dementsprechend 58 % der Jugendlichen in ähnlicher Weise vornehmen.[148] Wie gut das Verhältnis zur Familie ist,wird in der McDonald's Ausbildungsstudie 2019 hervorgehoben, denn eine intakte Beziehung zur Familie ist für 60 % der Befragten sehr wichtig, gefolgt von einer glücklichen Partnerschaft.[149] In der Freizeit unternimmt ein Viertel der Heranwachsenden häufig etwas mit ihrer Familie; im Jahr 2002 waren es 16 %.Folglich korrespondiert die

---

[141] *Scholz, C.*, Generation Z, 2014, S. 41.
[142] Vgl. *Scholz, C.*, Generation Z, 2014, S. 42.
[143] Vgl. *Scholz, C.*, Generation Z, 2014, S. 43; Vgl. *Kring, W.*, Hurrelmann, K., Generation Z, 2019, S. 20.
[144] Vgl. *Maas, R.*, Generation Z, 2019, S. 49.
[145] Vgl. *Scholz, C.*, Generation Z, 2014, S. 42 f.
[146] Vgl. *Calmbach, M. et al.*, Jugendliche, 2016, S. 60.
[147] Vgl. *Scholz, C.*, Generation Z, 2014, S. 44.
[148] Vgl.*https://www.shell.de/ueber-uns/shell-jugendstudie/_jcr_content/par/toptasks.stream/1570708341213/4a002dff58a7a9540cb9e83ee0a7a0ed8a0fd55/shell-youth-study-summary-2019-de.pdf*, Zugriff am 11.11.2020.
[149] Vgl. *McDonald's*, Ausbildungsstudie, 2019, S. 14.

Steigerung mit der wachsenden guten Beziehung zu den Eltern. Auch per Messenger-Dienst sind die Jugendlichen mit ihren Eltern und der Familie für einen schnellen Austausch verbunden.[150]

Grundsätzlich hat sich die Beziehung zu den Eltern im Laufe der Zeit gewandelt. Während es die Babyboomer noch schwer hatten sich ohne Konflikte von ihrem Elternhaus zu lösen, denkt die Generation Z nicht daran, sich von ihren Eltern abzukoppeln. Bei Entscheidungen fließt die geschätzte Meinung der Eltern mit ein und umgekehrt erfolgt die Erziehung mit wenigen Grenzen.[151]

3.4 Engagement in Umwelt und Klima

Der Schutz der Umwelt und der Klimawandel zählen bei der jungen Generation zu den zukunftsrelevantesten Problemen. Sie bilden den Fokus, wenn es um Forderungen an Gesellschaft und Politik bezüglich größerer Mitspracherechte geht. Derzeit macht der Klimawandel 65 % der Jugendlichen Angst und ca. drei Viertel empfinden die Umweltverschmutzung als Kernproblem in der Welt.[152] Aus Sicht der Generation Z bestehen die Probleme jedoch nicht erst seit heute, sodass ein entsprechender Handlungsbedarf schon lange überfällig ist.[153] Ohne Zeitverzug hat die Zukunft Priorität, denn wenn die Vertreter der Generation Z einmal ihr hohes erwartetes Lebensalter von 90 Jahren erreichen, spüren auch siedie Konsequenzen der Erderwärmung.[154]

Das Ausmaß der Sorge zeigt sich im aktuellen Sorgenkatalog der McDonald's Ausbildungsstudie, denn den Klimawandel sehen die15- bis unter 25-Jährigen als größtes Übel an. Zwar ist mit 61 %die Sorge um das Klima genauso hoch wie die Sorge, eine bezahlbare Wohnung zu finden, doch im Vergleich zu 2017 hat die Aufmerksamkeit für das Klima eine Steigerung von 18 % (2017: 43 %) erfahren. Öffentliche Debatten steigern dabei das Unbehagen der Jugendlichen.[155]Diese

---

[150] Vgl.https://www.shell.de/ueber-uns/shell-jugendstudie/_jcr_content/par/toptasks.stream/1570708341213/4a002dff58a7a9540cb9e83ee0a37a0ed8a0fd55/shell-youth-study-summary-2019-de.pdf, Zugriff am 11.11.2020.
[151] Vgl. Calmbach, M. et al., Jugendliche, 2012, S. 20.
[152] Vgl.https://www.shell.de/ueber-uns/shell-jugendstudie/_jcr_content/par/toptasks.stream/1570708341213/4a002dff58a7a9540cb9e83ee0a37a0ed8a0fd55/shell-youth-study-summary-2019-de.pdf, Zugriff am 14.11.2020.
[153] Vgl. Maas, R., Generation Z, 2019, S. 29.
[154] Vgl. Hurrelmann, K., Albrecht, E., Greta, 2020, S. 19.
[155] Vgl. McDonald's, Ausbildungsstudie, 2019, S. 16; Vgl. McDonald's, Ausbildungsstudie, 2017, S. 14.

existenzielle Angst veranlasst sie dazu, soziale Aktionen zu realisieren.[156] Für sie ist ein kollektiver Verzicht und ein gemeinsames Handeln grundlegend. Daher fordern sie die Politik dazu auf, Regularien festzulegen.[157] Zudem artikulieren sie den Wunsch, in Bezug auf die Umwelt nachhaltig zu handeln, nach außen hin explizit und vernehmbar.[158]

Aufgrund des demografischen Wandels und der verbesserten Arbeitsmarktsituation für die Generation Z ergibt sich der Freiraum, politisch aktiv zu werden.[159] Waren die Millennials um die 2000er Jahre noch damit beschäftigt, ihre berufliche Zukunft durch eine gute Schullaufbahn zu sichern[160], muss sich die junge Alterskohorte aufgrund der vielen beruflichen Chancen, nicht um ihren beruflichen Werdegang sorgen. Grundsätzlich betont Hurrelmann, dass das politische Engagement immer dann aufkeimt, wenn keine existenzgefährdende Zukunft erkennbar ist.[161] Fast die Hälfte aller politisch interessierten Jugendlichen widmen sich der Klimaangelegenheit. Den größten Einfluss auf diese Gruppe hatdabei Greta Thunberg, eine 17-jährigeschwedische Umweltaktivistin.[162] Ohne sie hätten Schüler freitags nicht die Schule geschwänzt, um sich für das Klima durch Protestaktionen einzusetzen. Sie hat als Kopf der Fridays-for-Future(FFF)-Bewegung seit dem Jahr 2018 dazu aufgerufen, Stellung zu beziehen und zu demonstrieren.[163] Nicht ohnehin wird die Generation Z von den Buchautoren Hurrelmann und Albrecht als *Generation Greta* betitelt. Das außerordentliche soziale Engagement im Rahmen projektorientierter Aktionen erhielt sogar die Anerkennung der Bundesregierung.[164]

Doch die Corona-Pandemie und die damit einhergehenden Kontaktbeschränkungen seit 2020 haben der FFF-Bewegung stark geschadet.[165] Dennoch nehmen die

---

[156] Vgl. *Kring, W.,* Hurrelmann, K., Generation Z, 2019, S. 21.
[157] Vgl. *Hurrelmann, K.,* Albrecht, E., Greta, 2020, S. 17.
[158] Vgl.*https://www.shell.de/ueber-uns/shell-jugendstudie/_jcr_content/par/toptasks.stream/1570708341213/4a002dff58a7a9540cb9e83ee0a37a0ed8a0fd55/shell-youth-study-summary-2019-de.pdf,* Zugriff am 14.11.2020.
[159] Vgl. *Hurrelmann, K.,* Albrecht, E., Greta, 2020, S. 24.
[160] Vgl. *Hurrelmann, K.,* Albrecht, E., Greta, 2020, S. 16.
[161] Vgl. *Budras, C.,* Generation Greta, 2020, S. 16;Vgl. *Hurrelmann, K.,* Albrecht, E., Greta, 2020, S. 24 f.
[162] Vgl. *Budras, C.,* Generation Greta, 2020, S. 16.
[163] Vgl. *Hurrelmann, K.,* Albrecht, E., Greta, 2020, S. 11; Vgl. *Hurrelmann, K.,* Albrecht, E., Greta, 2020, S. 35 ff.
[164] Vgl. *Deutscher Bundestag,* Jugendbericht, 2017, S. 12.
[165] Vgl. *Budras, C.,* Generation Greta, 2020, S. 16.

Sorgen der Klima- und der Umweltauswirkungen nach der aktuellen Deloitte-Studie nicht ab. An dem Umstand konnte auch die globale Ausbreitung der Pandemie nichts ändern. Diese hat für die Umwelt positive Nebenwirkungen, denn aufgrund geringerer Umweltverschmutzungen wegen des Lockdowns werden nach langer Zeit wieder ein klarer, blauer Himmel und saubere Gewässer sichtbar. Dies führt bei der Generation Greta zu dem Optimismus, dass der *Pointofno Return* noch eine Weile ausbleibt.[166]

Doch nicht nur im Hinblick auf den Klimaschutz fühlen sich die Angehörigen der Generation Z verantwortlich, sondern auch beim Thema Umweltschutz. Mit kleinen alltäglichen Schritten leisten sie ihren Input für eine bessere Welt. Vorrangig achten sie z. B. auf die Mülltrennung und nutzen mehr das Rad und öffentliche Verkehrsmittel. Auf das Auto können sie qualitativen Umfragen zufolge nicht vollständig verzichten.[167]

Bezogen auf den Lehrinhalt an Schulen stellen immer mehr Jugendliche die Forderung, den Klima- und Umweltschutz in den Stundenplan zu integrieren und zu berücksichtigen. Vor drei Jahren hielt es die Hälfte aller befragten Heranwachsenden für wesentlich, mehr zu den Themen zu erfahren. Im Jahr 2020 war diesbezüglich eine Steigerung von 11 % zu erkennen. DieseEntwicklung verdeutlicht die Aktualität dieser Themen.[168]Doch eine Umsetzung wird in naher Zukunft nicht möglich sein, weil der erforderliche Aufwand in Deutschland zu groß wäre. Italien hingegen gilt als Vorreiter und möchte ab 2020 die Klimakrise als neues Schulfach einführen.[169]

3.5 Toleranz

Toleranz besitzt die Generation Z in Belangen rund um das Thema *Vielfalt*. Ursachen für die Vielfältigkeit liegen zum einen im demografischen Wandel, der zunehmenden Migration und Globalisierung und zum anderen am Individualisierungsdrang.[170]

---

[166]Vgl.*https://www2.deloitte.com/de/de/pages/innovation/contents/millennial-survey.html?id=de:2el:3pr:eng_:siku,*Zugriff am 14.11.2020.
[167]Vgl. *Calmbach, M. et al.*, Jugendliche, 2016, S. 272 f.
[168]Vgl. *McDonald's,* Ausbildungsstudie, 2019, S. 52; Vgl. *McDonald's,* Ausbildungsstudie, 2017, S. 41.
[169]Vgl. *Hurrelmann, K., Albrecht, E.,* Greta, 2020, S. 152.
[170]Vgl. *Pietzonka, M.,* Vielfalt, 2019, S. 478.

Das Leben der jungen Menschen ist seit Jahren von einer zunehmenden Diversität geprägt. Rund ein Viertel der Jugendlichen ist selbst zugewandert oder hat Eltern, die immigriert sind. Die meisten Vertreter der Generation Z mit Migrationshintergrund sind in Deutschland geboren und die Mehrheit der zugewanderten Heranwachsenden hat die deutsche Schullaufbahn absolviert.[171] Der Großteil ist daher mit der kulturellen Diversität und mit Freunden unterschiedlicher Nationalitäten aufgewachsen. Dass verschiedene Glaubensbekenntnisse und Auffassungenbestehen, ist für die meisten dieser Alterskohorte selbstverständlich – darauf reagieren sie mit Neugier und Toleranz.[172] Die Fähigkeit, mit sozialer Diversität konstruktiv umzugehen, kann als bedeutende persönliche Kompetenz gewertet werden.[173] Ältere Generationen hingegen reagierten auf Vielfalt oftmalsmit Rassismus und Unverständnis, sodass eine offene Ansprache auf die Andersartigkeit fast als ‚normal' galt.[174] In der Shell-Jugendstudie von 2019 wird die Toleranz als ausgeprägtes Merkmal hervorgehoben. Die absolute Mehrheit hätte kein Problem damit, eine Flüchtlingsfamilie oder eine türkische Familie als Nachbarn zu haben. Jüdische Familien sind bei 91 % der Jugendlichen ebenfalls gern gesehen.[175] Grundsätzlich unterscheiden sich die Wertvorstellungen der Vertreter der Generation Z ohne und mit Migrationshintergrund nicht.[176]

Die Generation Z erweist sich nicht nur als aufgeschlossen und tolerant in Bezug auf andere Kulturen oder Religionen, sondern auch hinsichtlich neuer Lebensstile.[177] So wie der Kirchgang oder der Verzicht auf Schweinefleisch wegen des Glaubens toleriert wird, so sollen Gläubige sich auch nicht von gleichgeschlechtlichen Paaren oder am Thema Abtreibung stören.[178] Das gesellschaftliche Verständnis für Homo- und Bisexuelle hat in den letzten Jahren stark zugenommen.[179] Umfragen zufolgesehen 91 % der Jugendlichen kein Problem darin, ein homosexuelles Paar als Nachbarn zu haben. Dagegen lehnen vermehrt Jugendliche mit einem

---

[171] Vgl. *Deutscher Bundestag*, Jugendbericht, 2017, S. 51.
[172] Vgl. *Kring, W.*, Hurrelmann, K., Generation Z, 2019, S. 21.
[173] Vgl. *Pietzonka, M.*, Vielfalt, 2019, S. 479.
[174] Vgl. *Hurrelmann, K.*, Albrecht, E., Greta, 2020, S. 78 f.
[175] Vgl.*https://www.shell.de/ueber-uns/shell-jugendstudie/_jcr_content/par/toptasks.stream/1570708341213/4a002dff58a7a9540cb9e8ee0a37a0ed8a0fd55/shell-youth-study-summary-2019-de.pdf*, Zugriff am 16.11.2020.
[176] Vgl. *Hurrelmann, K.*, Albrecht, E., Greta, 2020, S. 78.
[177] Vgl. *Liebermeister, B.*, Arbeitswelt, 2019, S. 49.
[178] Vgl. *Calmbach, M. et al.*, Jugendliche, 2016, S. 364.
[179] Vgl. *Küpper, B. et al.*, Einstellungen, 2017, S. 9.

islamischen (18 %) oder einem osteuropäischen (12 %) Hintergrund Homosexuelle ab, obwohl sie zusammenfassend am wenigsten Vorbehalte äußerten.[180] Für die Generation Zgehört das individuelle Ausleben der Sexualität zum Alltag. Ob Lesbian, Gay, Bisexual, Transgender, Queer, Intersexual (LGBTQI) oder Hetero - wer in welcher Form liebt oder orientiert ist, ist gleich. Outet sich jemand als homosexuell, wird größtenteils damit offen und tolerant umgegangen. Letztlich gehen die Angehörigen der Generation Z aber, wie die Generationen vor ihnen, vermehrt eine klassischemonogame Beziehung mit dem anderen Geschlecht ein.[181]

Wofür die Digital Natives keine Toleranz zeigen, ist Langeweile. Die digitalen Medien prädestinieren die Jugend zum Multitasking. Musik hören, chatten, posten und währenddessen die Hausaufgaben erledigen, stellt kein Problem dar. Aus langweiligen Situationen manövriert sich diese Generation und hältnach spannenderen Aktionen Ausschau.[182]

3.6 Individualismus und Selbstverwirklichung

„Me, Myself and I: Dieser Satz prägt keine andere Generation so sehr wie die Generation Z."[183] Der starke Selbstverwirklichungsdrang, der bereits mit den Millennials begonnen hat, erreicht nach Meinungder Forschermit den Vertretern der Generation Zseinen Höhepunkt.[184] Hesse geht davon aus, dass übergreifende Trends wegen der ausgeprägten Individualisierung zukünftig nicht mehr bestehen werden.[185]

Allen voran bietet der Konsumbereich eine Plattform,um individuelle Präferenzenverstärkt auszuleben. Die Breite an Optionen ermöglicht es dem Konsumenten, anspruchsvoller zu sein und mehrere Erkenntnisse zu gewinnen.beispielsweise stillt das Internet den Individualisierungswunsch durch eigenkonfigurierbare Plattformen und Applikationen[186] sowie durch Produktangebote, die nach den Wünschen

---

[180] Vgl.*https://www.shell.de/ueber-uns/shell-jugendstudie/_jcr_content/par/toptasks.stream/1570708341213/4a002dff58a7a9540cb9e83ee0a37a0ed8a0fd55/shell-youth-study-summary-2019-de.pdf*, Zugriff am 16.11.2020.
[181]Vgl. *Hurrelmann, K., Albrecht, E., Greta*, 2020, S. 220 ff.
[182]Vgl. *Mohr, B.*, Generation Z, 2014, S. 126 f.; Vgl. *Hesse, G. et al.*, Employer Branding, 2019, S. 80.
[183]*Hesse, G. et al.*, Employer Branding, 2019, S. 87.
[184] Vgl. *Liebermeister, B.*, Arbeitswelt, 2019, S. 49; Vgl. *Hesse, G. et al.*, Employer Branding, 2019, S. 87.
[185] Vgl. *Hesse, G. et al.*, Employer Branding, 2019, S. 84.
[186]Vgl. *Klaffke, M.*, Millennials und Generation Z, 2014, S. 61.

des Individuums limitiert angefertigt werden können.[187] Einzelhändlersollten ihre Werbebotschaft auf die junge Generation ausrichten, denn sie ist zwar konsumorientiert, allerdings nur wenn die Produkte einzigartig, individuell und innovativ sind. Ebenso interessant zu gestalten ist das Employer-Branding des Unternehmens, wenn es Angehörige der Generation Z für sich gewinnen möchte.[188]Geht es jedoch um die Definition der Lebensziele von Jugendlichen, so bedeutet ihnen ein individueller Stil zur Abgrenzung von anderen Individuen wenig, denn die Quote liegt hier bei17 %.[189]

Grundsätzlich dient die Freizeit der Selbstverwirklichung.[190] Die Digital Natives verbringen diese Zeit häufig mit sozialen Medien. Dort versuchen sie, mit einem einzigartigenInhalt von der Generationsmasse herauszustechen[191], denn nur wer regelmäßig etwas Besonderes postet, erhält Anerkennung und Bestätigung von außen. Da im Normalfall der Alltag nicht sonderlich aufregend ist, stellen sie diesen in sozialen Netzwerken schöner und interessanter dar.[192]

Zudem genießt die Generation Z eine gute Ausbildung – tendenziell die Hälfte aller Jugendlichen absolviert ein Studium. Über ihre Stärken ist sich diejunge Generation bewusst, benötigt aber dennoch Orientierung und Bestätigung.[193] Aufgrund der Fülle an Möglichkeiten ist es nicht leicht zu entscheiden, welcher Weg der richtige ist, um sich selbst zu verwirklichen.[194]So stellen sich die Heranwachsenden die Frage, ob sie eineAusbildung, ein Studium an der Universität oder ein duales Studium absolvieren.Dieser hohe Freiheitsgrad bei der Lebensgestaltung und die damit verbundene Verantwortung, die von den Erwachsenen vorausgesetzt wird,können zu einer persönlichen Belastung führen.[195]

Der Individualitäts- und Selbstverwirklichungsdrang dieser Alterskohorte grenzt teilweise an Ich-Bezogenheit. Das eigene Wohl steht stets vor dem des Unter-

---

[187] Vgl. https://www.occstrategy.com/media/1904/eine-generation-ohne-grenzen_.pdf, Zugriff am 19.11.2020.
[188] Vgl. *Hesse, G. et al.*, Employer Branding, 2019, S. 84.
[189]Vgl. *McDonald's,* Ausbildungsstudie, 2019, S. 14 f.
[190]Vgl. *Calmbach, M. et al.*, Jugendliche, 2016, S. 122.
[191] Vgl. https://www.occstrategy.com/media/1904/eine-generation-ohne-grenzen_.pdf, Zugriff am 19.11.2020.
[192] Vgl. *Maas, R.*, Generation Z, 2019, S. 43.
[193] Vgl. *Hesse, G. et al.*, Employer Branding, 2019, S. 87.
[194] Vgl. *Maas, R.*, Generation Z, 2019, S. 30.
[195] Vgl. *Helsper, W.*, Jugend, 2012, S. 77 ff.

nehmens und vor anderen. Zwar sind ehrenamtliche Tätigkeiten weit verbreitet, dienen aber meist nur dazu, den eigenen Lebenslauf aufzuwerten.[196] Statussymbole, wie die Luxuslimousine, die bei den Babyboomern damals als erstrebenswert galten, sind für die Generation Z nicht bedeutend. Ebenso macht ein hohes Gehalt nicht glücklich. Den Fokus bilden Selbstverwirklichung und Anerkennung – die Statussymbole der derzeitigen Jugend.[197]

---

[196] Vgl. *Löhr, J.*, Freizeit, 2013, S. C1.
[197] Vgl. *Hesse, G. et al.*, Employer Branding, 2019, S. 84.

4 Arbeitsweise der Generation Z

Die in Deutschland lebende Generation Z umfasst 11,4 Millionen Menschen und macht 14 % der deutschen Bevölkerung aus.[198] Davon treffen sowohl Jugendliche als auch junge Erwachsene bis 25 Jahre derzeit ihre ersten beruflichen Entscheidungen oder sind bereits im Arbeitsleben angekommen. Da die junge Generation von den demografischen Auswirkungen profitiert und dementsprechend Forderungen an Firmen stellen kann[199], gilt es im zweiten Schritt des umfassenden Verständnisaufbaus, ihre Erwartungen an die Arbeitswelt, an Recruiting und Führung zu analysieren, um die Bindung der vermehrt bindungslosen Generation zu stärken.

4.1 Grundlegende Erwartungen an die Arbeitswelt

Ganz oben auf der Prioritätenliste der Erwartungen steht Spaß an der Arbeit, dicht gefolgt von einem sicheren Arbeitsplatz, der auf die persönlichen Neigungen und Fähigkeiten zugeschnitten sein soll sowie persönliche Erfüllung schenkt.[200] Das Ranking der McDonalds Ausbildungsstudie verdeutlicht[201], dass Selbsterfüllung für die Altersklasse Z bedeutender ist als die materielle Sicht auf das Leben, wie es bei der Generation X der Fall war, die in der Arbeit ein Mittel zum Zweck sieht.[202] Auch eine angemessene, fixe Bezahlung spielt eine große Rolle, denn als gut ausgebildete Generation wissen sie ihre Leistung wertzuschätzen.[203] Dennoch hat dies für die jüngere Altersgruppe keine entscheidende Relevanz bei ihrer Arbeitgeberwahl, wenn nicht zugleich priorisierte Faktoren gegeben sind.[204] Warum die Generation Z in der Arbeit Selbstverwirklichung sucht, liegt zum einen daran, dass die harte Arbeit und die vielen Überstunden der Eltern erfahrungsgemäß zur Vernachlässigung des Privatlebens geführt haben, was als Konsequenz zu einer erhöhten Scheidungsrate führte. Zum anderen ist die Jugend schon einen hohen Lebensstandard gewöhnt und strebt daher nach anderen Statussymbolen.[205] Sie

---

[198] Vgl. *https://service.destatis.de/bevoelkerungspyramide/#!y=2020&a=11,25&g*, Zugriff am 26.11.2020.
[199] Vgl. *Klaffke, M.*, Millennials und Generation Z, 2014, S. 77.
[200] Vgl. *McDonald's,* Ausbildungsstudie, 2019, S. 60.
[201] Vgl. *McDonald's,* Ausbildungsstudie, 2019, S. 60.
[202] Vgl. *Hesse, G. et al.*, Employer Branding, 2019, S. 61.
[203] Vgl. *Hesse, G. et al.*, Employer Branding, 2015, S. 86.
[204] Vgl. *Hurrelmann, K.,* Albrecht, E., Greta, 2020, S. 203.
[205] Vgl. *Hesse, G. et al.*, Employer Branding, 2019, S. 84 f.

möchte gehört werden, authentisch sein und eigenverantwortlich handeln.[206] Die Vorstellungen darüber, was für die Jugend an einer Arbeitsstelle wesentlich ist, bleibt Trendanalysen zufolge im Vergleich zu den letzten Jahren stabil. Doch erhalten Wohlfühlfaktoren, wie nette Kollegen einen erhöhten Stellenwert im Gegensatz zu anstrengenden oder herausfordernden Aspekten, bei denen bspw. eigene Ideen zu generieren sind. Wenig Stress, ausreichend Zeit für private Aktivitäten und viel Urlaub stehen folglich weit oben auf der Liste.[207]

Beim Thema *Beruf und Privatleben* gehen die Angehörigen der Generation Z kaum Kompromisse ein und bestehen auf einer klaren Trennung. War es bei den Millennials noch üblich, berufliche Angelegenheiten in der Freizeit zu klären, E-Mails nach Feierabend oder im Urlaub zu beantworten, rücken sie von jeglicher Verschmelzung von Beruf und freier Zeit ab. Hier wird klar separiert, auch der Gesundheit zuliebe.[208] Ihre Freizeit soll vom Arbeitgeber respektiert werden.[209] Eine Verfügbarkeit die ganze Woche und rund um die Uhr hält die Generation Z für nicht angemessen und lässt sich den Freizeitverzicht anders als andere Alterskohorten auch nicht monetär abgelten. Damit Struktur und Ordnung bestehen können, wünscht sich die Generation Z unverrückbare Arbeitszeitregelungen, am besten von 9 bis 17 Uhr, 5 Tage die Woche.[210] Ebenso negativ bewertet sind flexible Arbeitsmodelle und -zeiten allgemein, denn die Heranwachsenden erkennen schnell, für wen sich die Flexibilität primär auszahlt – nämlich für den Arbeitgeber. Die Generation Z assoziiert damit nur Überstunden[211], die andere Generationen zuvor nicht vor Entlassungen geschützt haben.[212] Daher kommt Homeoffice als Regelarbeitsplatz sowie als Rekrutierungsargument nicht infrage[213] Homeoffice kann zwar die Lebensqualität sowie die Arbeitgeberattraktivität steigern, manchmal ist es auch notwendig, doch sollte nach Meinung der Generation Z die Ausnahme nicht die Regel bestätigen. Ein Anrecht darauf, gelegentlich ungestört von zu Hause aus arbeiten zu dürfen, sollte jedoch bestehen.[214]

---

[206] Vgl. *Mangelsdorf, M.,* Babyboomer, 2015, S. 71.
[207] Vgl. *McDonald's,* Ausbildungsstudie, 2019, S. 62 f.
[208] Vgl. *Kring, W.,* Hurrelmann, K., Generation Z, 2019, S. 19.
[209] Vgl. *Maas, R.,* Generation Z, 2019, S. 68.
[210] Vgl. *Scholz, C.,* Generation Z, 2014, S. 144 ff.
[211] Vgl. *Scholz, C.,* Karriere, 2015, S. 57.
[212] Vgl. *Maas, R.,* Generation Z, 2019, S. 77.
[213] Vgl. *Scholz, C.,* Generation Z, 2014, S. 156.
[214] Vgl. *Scholz, C.,* Generation Z, 2014, S. 154.

Als Digital Natives erhält die Generationskohorte eine schnelle Rückmeldung. Textnachrichten und soziale Medien ermöglichen es, auf eine Aktion eine schnelle Reaktion folgen zu lassen.[215] Dies impliziert den Wunsch, von den Führungskräften sofortiges Feedback zu erhalten und das möglichst nur positiver Art.Ebenso besteht auf gute Zeugnisse, ob im schulischen oder arbeitstechnischen Kontext,nahezu ein regelrechter Anspruch.[216]Ähnlich wie bei den Plattformen Twitter und Facebook, auf denen nur ein Like-Button zur Verfügung steht, kommt Kritik nicht an.[217] Die Generation Z selektiert zudem das Feedback nach eigener Relevanz und tut für sie Nichtrelevantes mit einem Lächeln ab, wenn es nicht mit dem Eigenbild übereinstimmt.[218]

Außerdem erwarten die Vertreter der Generation Z von der Arbeitswelt, dass ihre Angst, etwas zu verpassen, berücksichtigt wird. Das Smartphone vollständig am Arbeitsplatz zu verbieten, käme für sie nicht infrage, da sie dadurch an ihrer Informationsaufnahme gehindert wären.[219]Dennoch praktizieren sie das dauerhafte Onlinesein nur im Privaten. Scholz wertet die beharrliche Abgrenzung zum beruflichen Bereich als positiv, weil die Altersklasse Z dadurch richtige Erholung von der Arbeitswelt erfährt und eine Verschmelzung beider Welten abwendet.[220]

In der durch Mobilität gekennzeichneten Welt ist beständiges Lernen und Weiterbilden eine Voraussetzung, um Bestand auf dem Arbeitsmarkt zu haben. Die wissbegierigen Angehörigen der Generation Z sind sich dessen bewusst und achten bei der Wahl ihres Arbeitgebers auf persönliche Entwicklungsmöglichkeiten.[221]Ihre Fähigkeiten zu verbessern, gilt als erforderlich, aber nur solange die eigene Lebensqualität erhalten bleibt. Karriere wird dabei vorweg nur angestrebt, um spannendere Aufgaben zu erhalten. So geht es ihnen nicht primär um das Geld oder den Status.[222] Eben weil die Alterskohorte wissbegierig ist und Weiterbildungen anstrebt, gebührt ihr Respekt Führungscharakteren, die mit Erfahrung und Kom-

---

[215]Vgl. *Scholz, C.*, Generation Z, 2014, S. 97
[216]Vgl. *Scholz, C.*, Generation Z, 2014, S. 136.
[217]Vgl. *Scholz, C.*, Karriere, 2015, S. 58.
[218]Vgl. *Scholz, C.*, Generation Z, 2014, S. 172.
[219] Vgl. *Maas, R.*, Generation Z, 2019, S. 97
[220]Vgl. *Scholz, C.*, Generation Z, 2014, S. 185.
[221] Vgl. *Klös, H.-P. et al.*, Generation, 2016, S. 22.
[222]Vgl. *Kring, W.*, Hurrelmann, K., Generation Z, 2019, S. 19.

petenz glänzen. Dennoch werden Autoritäten abgelehnt und die Arbeit auf Augenhöhe wird präferiert.[223]

Die Generation Greta erwartet flache Hierarchien[224], lehnt Führungsverantwortung ab[225] und arbeitet nur im vertraglich gesetzten Rahmen. Ferner bevorzugt sie wiederkehrende administrative Aufgaben.[226] In Kapitel 4.3 wird die Mitarbeiterführung bei der Generation Z thematisiert.

Gehen ihre Erwartungen nicht in Erfüllung, so zeigt sich ein direkter Zusammenhang zwischen Unzufriedenheit und unverzüglicher Kündigung. Die Gründe können den Außenstehenden lapidar erscheinen. So kann Kritik des Chefs, Überforderung oder Langeweile ausschlaggebend für die Illoyalität der Generation Z sein.[227] Ebenso wenig wird erwartet, dass das Unternehmen einen dauerhaften Arbeitsplatz zusichern kann.[228] Die Altersklasse Zsieht die Zeit im Betrieb eher als „eine zu jeder Zeit kündbare Lebensabschnittspartnerschaft" an.[229] Sie kann sich zudem nicht an Kollegen binden, wie es noch bei der Generation Y der Fall war.[230] So beendet die Altersgruppe Z im Vergleich zur vorherigen Generation nicht erst nach 6 Monaten Unzufriedenheitdas Arbeitsverhältnis, sondern ist schonfrüher dazu bereit,andere Wege einzuschlagen.[231]

Die zuvor erläuterten Erwartungen der Generation Z sind in folgender Abbildung in Form eines Mind-Maps gebündelt dargestellt.

---

[223] Vgl. *Hesse, G. et al.*, Employer Branding, 2015, S. 86.
[224] Vgl. *Hesse, G. et al.*, Employer Branding, 2019, S. 84.
[225] Vgl. *Scholz, C.*, Generation Z, 2014, S. 179.
[226] Vgl. *https://relevanzmacher.de/generation-z-so-sieht-die-zukunft-aus/*, Zugriff am 29.11.2020.
[227] Vgl. *Scholz, C.*, Generation Z, 2014, S. 113.
[228] Vgl. *Hanisch, H.*, Generation Z, 2019, S. 35.
[229] *Scholz, C.*, Generation Z, 2014, S. 133.
[230] Vgl. *Hesse, G. et al.*, Employer Branding, 2019, S. 90.
[231] Vgl.*Astheimer, S.*, Löhr, J., Ochsentour, 2013, C 2; Vgl. *https://blog.wagepoint.com/all-content/jobs-in-the-future-the-career-path-of-generation-y-z-infographic*, Zugriff am 29.11.2020.

Abbildung 4: Erwartungen der Generation Z an die Arbeitswelt

- wiederkehrende, administrative Aufgaben
- Arbeit ist eine von vielen Lebensabschnittspartnerschaften
- Weiterbildung
- keine autoritäre Führung
- konstante Arbeitszeiten 9 to 5
- hohes, fixes Gehalt
- Trennung Beruf und Privatleben
- flache Hierarchien
- **Erwartungen**
- keine Führungsverantwortung
- persönliche Erfüllung
- Anerkennung und Selberverwirklichung
- positives Feedback
- viel Urlaub
- Spaß
- sicherer Abeitsplatz
- Struktur und Ordnung
- Always on

Quelle: Eigene Darstellung

4.2 Recruiting der Generation Z

Als bedeutendste und zugleich einflussreichste externe Trends für das Recruiting zählen der demografische Wandel und der damit einhergehende Fachkräftemangel, der für ein *War for Talents* unter den Unternehmen sorgt.[232] Aus dem klassischen Angebotsmarkt entsteht ein für die Generation Z angenehmer Bewerbermarkt, bei dem sich die Firmen stärker um potentielle Bewerber bemühen müssen.[233] Daraus entwickelt sich „eine wirtschaftliche Notwendigkeit"[234], generationsspezifisch und in entsprechender Art und Weise die richtigen Kanäle für die Ansprache zu wählen, um die Altersklasse Z für sich zu begeistern.[235] Typische Erfahrungen der Eltern, die Lehrjahre als keine Herrenjahre erlebt haben, entsprechen

---

[232] Vgl. *https://www.uni-bamberg.de/fileadmin/uni/fakultaeten/wiai_lehrstuehle/isdl/Recruiting_Trends_2015.pdf*, Zugriff am 04.12.2020.

[233] Vgl. *Kring, W.*, Hurrelmann, K., Generation Z, 2019, S. 23; Vgl. *Hurrelmann, K.*, Albrecht, E., Greta, 2020, S. 208.

[234] *Mangelsdorf, M.*, Babyboomer, 2015, S. 26.

[235] Vgl. *Mangelsdorf, M.*, Babyboomer, 2015, S. 25 f.

nicht dem Arbeitsverständnis der jungen Generation.[236] Ebenso abgelehnt werden die noch in den 1990er Jahren kommunizierten Rekrutierungsstrategien, in denen mit harter Arbeit und spontanen Reisen ins Ausland geworben wurde.[237]

Wie die Generation Z das Recruiting präferiert, welche Kanäle sie nutzt, wie die Ansprache und das Bewerbungsverfahren für sie optimal ablaufen und was das Unternehmen tun kann, wird in den folgenden Kapiteln nach theoretischer Einordnung des Recruiting-Begriffs im Personalmanagement ausgeführt.

4.2.1 Definition von Recruiting

In der Fachliteratur und im Verlauf dieser Arbeit werden für die Personalbeschaffung synonym die Begriffe Personalakquisition, Rekrutierung oder Recruiting verwendet, wobei letzteres Wort aus dem englischen Sprachgebrauch stammt.[238] Im Wesentlichen ist es die Aufgabe der Personalbeschaffung, die in der Bedarfsplanung ermittelten freien Vakanzen mit qualifizierten Bewerbern zu einem marktgerechten Einkommen zu besetzen.[239] Nach dem Verständnis einiger Autoren ist das Recruiting mit vorliegender Bewerbung beendet – diese Arbeit hingegen schließt den Auswahlprozess ein, sodass die Personalbeschaffung erst nach Auswahl und Einarbeitung des passenden Bewerbers als abgeschlossen gilt.[240] Stellt sich heraus, dass der Arbeitsmarkt nicht das geplante Personal fristgerecht und mit geplanten Ressourcen bereitstellen kann, so bedarf es einer unverzüglichen Korrektur in der Unternehmensplanung.[241]

4.2.2 Methoden der Personalbeschaffung

Ein Betrieb kann sich interner oder externer Kanäle zur Personalbeschaffung bedienen. Welcher Kanal dabei bevorzugt Anwendung findet, obliegt nicht nur zweckmäßigen Argumenten, sondern hängt von unterschiedlichen Interessen und Kräften ab.[242] Häufig werden jedoch die inner- und die außerbetriebliche Bewerbersuche parallel eingesetzt, um alle verfügbaren Ressourcen auszuschöpfen und um den Stellencharakter attraktiver auf die eigenen Mitarbeiter wirken zu lassen. Eine

---

[236]Vgl. *Hurrelmann, K.*, Albrecht, E., Greta, 2020, S. 209.
[237]Vgl. *Parment, A.*, Generation Y, 2013, S. 155.
[238]Vgl. *Berthel, J.*, Becker, F., Personal-Management, 2013, S. 320 ff.
[239] Vgl. *Jung, H.*, Personalwirtschaft, 2017, S. 134.
[240]Vgl. *Berthel, J.*, Becker, F., Personal-Management, 2013, S. 320;Vgl. *Jung, H.*, Personalwirtschaft, 2017, S. 134.
[241] Vgl. *Jung, H.*, Personalwirtschaft, 2017, S. 134 f.
[242] Vgl. *Jung, H.*, Personalwirtschaft, 2017, S. 135.

sukzessive Besetzung erfolgt meist dann, wenn Vakanzen, bspw. aufgrund vorheriger Versetzungen, nicht mehr durch internes Personal besetzbar sind.[243] In der folgenden Darstellung sind Möglichkeiten der Personalbeschaffung aufgelistet, die in interne und externe Methoden gegliedert sind:

Abbildung 5: Methoden der Personalbeschaffung

Personalbeschaffung

Interne Methoden
- Versetzungen
- Umschulung
- Personalentwicklung
- Umwandlung von Teilzeit in Vollzeit
- Übernahme von Auszubildenden

Externe Methoden
- Printmedien
- Hochschuljobbörsen
- Eigene Mitarbeiternetzwerke
- Agentur für Arbeit
- Personalberater
- Stellenbörsen im Internet
- Homepage des Unternehmens
- Social-Media-Kanäle

Quelle: *In Anlehnung an Berthel, J., Becker, F.,* Personal-Management, 2013, S. 323; *Schulz, L.,* Personalbeschaffung, 2014, S. 40 ff

Die interne Personalbeschaffung bedient sich der Mitarbeiter aus dem eigenen Unternehmen und sucht unter ihnen qualifiziertes Personal zur Besetzung der vakanten Stelle. Die Basis bildet meist eine interne Stellenausschreibung, die entweder am Schwarzen Brett oder im Intranet zu finden ist.[244] Bei der internen Besetzung können Änderungen des bestehenden Arbeitsverhältnisses entstehen.[245] Diese Art der Beschaffung ist schnell und kostengünstig, befriedigt die Karriere- und die Mitbestimmungswünsche der eigenen Mitarbeiter und ist zum Teil auch notwendig, wenn der Arbeitsmarkt kein Personal mit entsprechender Qualifikation bereithält. Nachteile sind die geringe Auswahl und die hohen Fortbildungs- oder Umschulungskosten.[246] Neben der Versetzung, Umschulung, Personalentwicklung und weiteren internen Methoden kann die Personalbeschaffung sich außerdem externe

---

[243] Vgl. *Berthel, J., Becker, F.,* Personal-Management, 2013, S. 322.
[244] Vgl. *Schulz, L.,* Personalbeschaffung, 2014, S. 38.
[245] Vgl. *Berthel, J., Becker, F.,* Personal-Management, 2013, S. 322.
[246] Vgl. *Schulz, L.,* Personalbeschaffung, 2014, S. 38; Vgl. *Jung, H.,* Personalwirtschaft, 2017, S. 36.

Methoden zunutze machen.[247] Da die Gewinnung und die Rekrutierung der Generation Z im Fokus stehen, bilden die externen Methoden, speziell die präferierten Kanäle, den nachfolgenden Schwerpunkt.

Vor Inanspruchnahme externer Personalbeschaffungsmethoden sollte die Firma sorgfältig ihr Image pflegen, damit die Außenwahrnehmung auf einen potentiellen Bewerber positiv ausfällt.Dazu existieren auch zahlreiche Kanäle, um auf das Stellenangebot aufmerksam zu machen sowie Informationen über soziale und finanzielle Leistungen zu übermitteln.[248] Beispielhaft sind hier Printmedien, die Bundesagentur für Arbeit, Hoch-schulnetzwerke, Personalberater und die Mund-zu Mund-Propaganda von den Mitarbeitern und dem eigenen Unternehmen aus, zu nennen.[249] Einige Recruiting-Kanäle setzen sich bei der Generation Z aufgrund der veränderten Erwartungen und Werte nicht bei jedem Vertreter dieser Altersklassedurch.Haben die klassischen Methoden der Personalbeschaffung, z. B. Printmedien, bei den vorherigen Generationen noch einwandfrei funktioniert, ist mittlerweile ein Wandel vom Printmedium zu digital abrufbaren Stellenanzeigen im Internet ersichtlich und beliebt. Explizit kommen den sozialen Netzwerken sowie der Unternehmenshomepage eine bedeutende Rolle bei der Gewinnungder Digital Natives zu.[250]

4.2.3 E-Recruiting und Mobile Recruiting

Bereits in Kapitel 3.1 wurde herausgestellt, dass die Generation Z eine beachtliche Zeit im Internet verbringt. So ist auch ihre Rekrutierung auf elektronischem Wege vielversprechend. Diese wird als E-Recruitingbezeichnet. Die elektronische Art der Personalbeschaffung ermöglicht es online nach vakanten Stellen zu suchen und sich gleichzeitig mittels E-Mails oder Formularen bei Unternehmen zu bewerben.[251]Firmen nutzen vermehrt ihre Homepage und ihre Internetpräsenz als Aushängeschild für Interessenten. Über entsprechende Karrierelinks auf der Webseiteleiten sie Bewerber zu Stellenangeboten im Internet weiter.[252] Die weite Verbreitung und Nutzung des Internets vereinfachtnicht nur die Stellensuche für

---

[247] Vgl. *Berthel, J., Becker, F.*, Personal-Management, 2013, S. 323.
[248] Vgl. *Jung, H.*, Personalwirtschaft, 2017, S. 142 f.
[249] Vgl. *Schulz, L.*, Personalbeschaffung, 2014, S. 40 ff.
[250] Vgl. *Kring, W.*, Hurrelmann, K., Generation Z, 2019, S. 23; Vgl. *Schulz, L.*, Personalbeschaffung, 2014, S. 41.
[251] Vgl. *Ritter, A.*, Personalbeschaffung, 2010, S. 9 f.
[252] Vgl. *Ritter, A.*, Personalbeschaffung, 2010, S. 56 ff.

Interessenten, sondern ermöglicht eszudem,nach der Informationseinholung den passenden Arbeitgeber zu finden. Auf der anderen Seitebietet sich den Betrieben ein Zeit- und Kostenvorteildurch das E-Recruiting, indem sie z. B. auf Karriereportalen nach Bewerbern suchen oder eingegangene Online-Bewerbungen mithilfe von Bewerbermanagementsystemen im Vorhinein prüfen und selektieren.[253]

Gemäß der Studie von Kienbaum gaben 65 % der Unternehmen an, die Karrierewebseite in Bezug auf das Employer-Branding und die Recruiting-Kommunikation primär zu nutzen; ähnlich häufig werden Online-Jobbörsen (60 %) verwendet. Jedefünfte Person nutzt Karrierenetzwerke, wie Xing (21 %), und 10 % wählen das soziale Netzwerk als primärenRekrutierungskanal. Die Hälfte der personalverantwortlichen Unternehmen gab an, das soziale Netzwerk selten zu nutzen.[254]Demgegenüber zählen für Schüler und Auszubildende der Generation Z neben der Suchmaschine soziale Netzwerke als unerlässliche Kanäle bei der Stellensuche. Zwar werden Stellenangebote im Internet bei jedemder Angehörigen Z, ebenso wie bei den Unternehmen präferiert und Unternehmenswebseiten bei Studenten genutzt, doch bilden Social Media in Deutschland einen der bedeutendsten Trends in der Personalbeschaffung und sollten vermehrt in die Employer-Branding-Strategie integriert werden. So werden derzeit drei von zehn Vakanzen durch Social Media besetzt.[255]

---

[253] Vgl. *Vollrath, E.*, Personalbeschaffung, 2014, S. 7 f; Vgl. *Ritter, A.*, Personalbeschaffung, 2010, S. 10.
[254] Vgl. *http://assets.kienbaum.com/downloads/HR-Trendstudie-Ergebnisbereicht-Kienbaum-Studie-2015.pdf*, Zugriff am 11.12.2020.
[255] Vgl. *https://media.newjobs.com/id/hiring/419/page/Recruiting_Trends_2020/Studien_2020_Generation-Z.pdf*, Zugriff am 11.12.2020.

Abbildung 6: Die bedeutendsten Kanäle zur Stellensuche der Generation Z

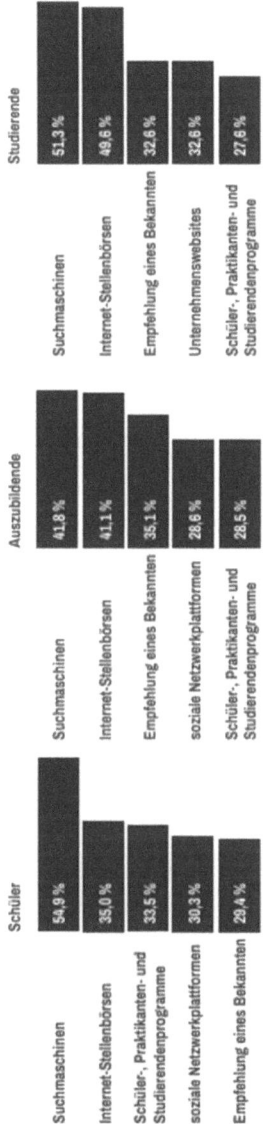

Quelle: *https://media.newjobs.com/id/hiring/419/page/Recruiting_Trends_2020/Studien_2020_Generation-Z.pdf*, Zugriff am 11.12.2020

Social-Media-Plattformen bieten Raum für Individualisierung und Interaktion, indem Bilder, Texte oder Videos einem ausgewählten virtuellen Empfängeronline zur Verfügung gestellt werden. Als Bestandteil des E-Recruitings erfahren Unternehmen und Bewerber mehr voneinander, können sich selbst darstellen und Kontakte pflegen.[256] Da sich rund 90 % der Generation Z mehrmals wöchentlich in ihrer Freizeit in sozialen Netzwerken,wie Snapchat und Instagram,bewegen, sollte die Ansprache über das Web 2.0 stattfinden.[257]Die Angehörigen dieser Altersklasse begrüßen nämlich eine Unternehmenspräsentation nicht nur[258], sondern erwarten diese bisweilen schon. Grundlegend hierbei sind kurze prägnante Messages, die in authentischen Videos und Bildern zum Ausdruck kommen. Mithilfe von Testimonials können Auszubildende, Studierende oder Angestellte darüber berichten, was ihnen an ihrer Stelle Freude bereitet und weshalb gerade dieses Unternehmen die richtige Wahl für Interessierte darstellt.[259] Dem Trend folgt Aldi Süd auf Instagram und postet authentische Bilder mit kurzen, ansprechenden Texten und Hashtags. Abbildung 7 zeigt einen Ausschnitt der Selbstdarstellung und desTestimonials über Ausbildung und Studium. Die Videos und Bilder zeigen junge Mitarbeiter, die die Karriere bei Aldi Süd mit Freude bewerben.

---

[256] Vgl. *Hettler, U.*, Social Media, 2010, S. 13 f.
[257] Vgl. *Mangelsdorf, M.*, Generation Z, 2019, S. 31; Vgl. *https://de.statista.com/statistik/daten/studie/1137640/umfrage/umfrage-zur-haeufigkeit-der-nutzung-von-social-media-nach-generationen/*, Zugriff am 12.12.2020.
[258] Vgl. *https://media.newjobs.com/id/hiring/419/page/Recruiting_Trends_2020/Studien_2020_Generation-Z.pdf*, Zugriff am 12.12.2020.
[259]Vgl. *Kring, W.*, Hurrelmann, K., Generation Z, 2019, S. 25.

Abbildung 7: Instagram-Auftritt von aldisuedde.karriere

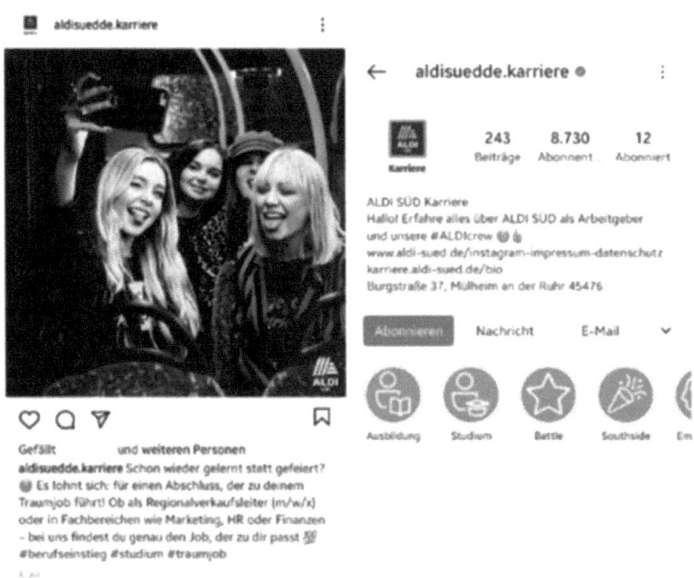

Quelle: *https://www.instagram.com/aldisuedde.karriere/,*Zugriff am 12.12.2020

Maas hingegen vertritt die Meinung, dass dort, wo Jugendliche privat mit Freunden interagieren, kein Raum für Recruitingsaktivitäten des Arbeitgebers besteht. Man solle sich auf Karriereportale, Messestände und Online-Jobbörsen beschränken.[260] Doch zu den Bewerberportalen hat die Generation Z kaum eine Beziehung.[261] So weist die Plattform Xing bei 15 Millionen Mitgliedern 7 % Berufseinsteiger und Studenten auf, wovon 5 % bis 26 Jahre alt sind und altersmäßig der Generation Z angehören.[262]

Aufgrund der hohen Beliebtheit am E-Recruiting und der Tatsache, dass WLAN zu ihren Grundbedürfnissen zählt[263], lässt sich die positive Resonanz zum Mobile Recruiting erklären, denn die Mehrheitder Altersklasse Z wird eine mobile Bewerbung einer klassischen vorziehen. Die Generation Y hingegen präferiert weiterhin

---

[260] Vgl. *Maas, R.*, Generation Z, 2019, S. 62.
[261] Vgl. *Hesse, G. et al.*, Employer Branding, 2019, S. 77.
[262] Vgl. *https://werben.xing.com/daten-und-fakten/*, Zugriff am 12.12.2020.
[263] Vgl. *Maas, R.*, Generation Z, 2019, S. 38.

vermehrt die klassische Variante.[264] Unter Mobile Recruiting wird die „Rekrutierung mithilfe mobiler, internetfähiger Endgeräte, insbesondere Smartphones"[265] verstanden. So verwenden drei Viertel der Generation Z die mobile Stellensuche über den Computer oder Laptop und knapp 70 % das Smartphone von zu Hause aus.[266] Um die durch den Fachkräftemangel schwierig zu rekrutierenden Berufseinsteiger für sich zu gewinnen, müssen sich auch Betriebe diesem Trend anpassen. Dafür ist ein Responsive Design[267] der Unternehmenshomepage und der Webseiten allgemein erforderlich. Ferner entsprechen unkomplizierte Kommunikationsmöglichkeiten mit einem direkten Ansprechpartner dem Recruiting-Verständnis der Altersgruppe Z, denn so wird ihnen eine mobile Online-Bewerbung mit wenig Aufwand geboten.[268] Nicht zuletzt sollte die Anzeige schnell und mit weniger als drei Klicks erreichbar sein. Die Digital Natives sind es in ihrem Lebensstil nämlich nicht gewohnt, viel Zeit in etwas zu investieren. So bietet sich ihnen z. B. ein neues Date nach nur zwei Swipes.[269]

Dennoch darf sich die Ansprache nicht nur auf soziale Medien und das Internet reduzieren, denn die Empfänger sind reale Menschen und möchten als solche gesehen werden, denn für sie ist eine persönliche Interaktion und Kommunikation grundlegend.[270]

4.2.4 Offline-Kontakte

Unabhängig von der Ansprache über das Internet ist die Generation Z offline in Schulen, Universitäten, auf Berufsmessen, in Freizeiteinrichtungen und Vereinen gut zu erreichen.[271] Ebenfalls klassische, visuelle und interaktive Einladungen, wie Tage der offenen Tür, Girls' Day, Praktika und gemeinsame Projekte bieten ihnen einen Mehrwert, da sich das Unternehmen dadurch erlebbar und real zeigt.

---

[264] Vgl. https://media.newjobs.com/id/hiring/419/page/Recruiting_Trends_2020/Studien_2020_Generation-Z.pdf, Zugriff am 12.12.2020.
[265] Mangelsdorf, M., Generation Z, 2019, S. 31.
[266] Vgl. https://media.newjobs.com/id/hiring/419/page/Recruiting_Trends_2020/Studien_2020_Generation-Z.pdf, Zugriff am 12.12.2020.
[267] Responsive Design bezeichnet die technische Anpassung des Webseiten-Layouts an Endgeräte.
[268] Vgl. Mangelsdorf, M., Generation Z, 2019, S. 31; Vgl. Kring, W., Hurrelmann, K., Generation Z, 2019, S. 26.
[269] Vgl. Maas, R., Generation Z, 2019, S. 72.
[270] Vgl. Kring, W., Hurrelmann, K., Generation Z, 2019, S. 25.
[271] Vgl. Mangelsdorf, M., Generation Z, 2019, S. 32.

Dahingehend sind die Firmen schon gut aufgestellt.[272] Laut der Kienbaum-Studie kooperieren 56 % der Betriebe regelmäßig mit Universitätenund sponsern diese, 46 % rekrutieren potentielle Fachkräfte über Karrieremessen. Ebenfalls werden Veranstaltungen des eigenen Unternehmens regelmäßig als externer Personalbeschaffungsweg genutzt.[273]

Einen der bedeutendsten Offline-Kontakte stellen jedoch die Eltern der Generation Z dar. Als engste Vertraute in ihrer Vergangenheit und als ständige Umsorgende übernehmen sie zum Teil wegweisende berufliche Entscheidungen.[274] Sie beraten ihre Kinder nicht nur in Sachen Bewerbung und Berufswahl, sondern möchten aktiv daran beteiligt sein. Deshalb entwerfen sie die Bewerbung auch oftmals eigenständig. Nicht selten begleiten sie ihre Snowflakes auch zum Vorstellungstermin.[275] Schon während des Studiums führen sie federführende Gespräche mit Dozenten darüber, was ihre Kinder in welcher Form studieren sollten.[276]Anders als bei den Generationen zuvor stellt dies in ihrer Lebenswelt kein Tabu dar. Ihre Eltern sind ihre ‚Influencer' und üben einen großen Einfluss auf Entscheidungen, speziell beim Thema Berufswahl, aus. Dahingehend sollten Unternehmen auch weiterhin Stellen in Printmedien und Lokalzeitungen ausschreiben.[277]

4.2.5 Ansprache und Ablauf des Bewerbungsverfahrens

Eine Vielzahl von Attributen aus der Lebensweise der Generation Z finden sich in den Erwartungen zur Rekrutierung wieder. Kurz und prägnant, schnell und persönlich, authentisch und realistisch müssen die Ansprache und der Ablauf vonstattengehen, damit die Firmen richtigliegen.

Angehörige der Altersgruppe Z sind permanent im Internet und auf sozialen Netzwerken mit Werbung konfrontiert, sodass sie schnell gelernt haben, zwischen Bedeutendem und Irrelevantem in Sekundenbruchteilen zu selektieren. Wahrgenommen und nicht ignoriert wird nur die Werbung, die kurz gehalten ist.[278] Die richtige Ansprache ist demnach kurz und prägnant– so wie ihre Präferenz nach kurzen

---

[272]Vgl. *Kring, W.*, Hurrelmann, K., Generation Z, 2019, S. 25; Vgl. *Mangelsdorf, M.*, Generation Z, 2019, S. 32.
[273] Vgl. *http://assets.kienbaum.com/downloads/HR-Trendstudie-Ergebnisbereicht-Kienbaum-Studie-2015.pdf,* Zugriff am 11.12.2020.
[274]Vgl. *Kring, W.*, Hurrelmann, K., Generation Z, 2019, S. 18.
[275] Vgl. *Maas, R.*, Generation Z, 2019, S. 71.
[276]Vgl. *Scholz, C.*, Generation Z, 2014, S. 43.
[277]Vgl. *Kring, W.*, Hurrelmann, K., Generation Z, 2019, S. 26.
[278] Vgl. *Maas, R.*, Generation Z, 2019, S. 59.

Textnachrichten. Daherwendet sich die junge Generation von der Plattform Facebook mitihren umfassenden Informationenab.[279]

Zudem erhält eine erhöhte Geschwindigkeit des Bewerbungsverfahrens die Wertschätzung der Generation Z, was dem Wunsch nach Feedback in ähnlicher Weise entspricht.[280] Als Digital Natives erhalten sie stets Rückmeldung, sei es von Freunden durch Likes oder bei Bestellungen durch die Möglichkeit der Nachverfolgung. Fehlen die Geschwindigkeit und die Transparenz im Verfahren, besteht die Gefahr, den Kandidaten schon vor Vertragsunterschrift zu verlieren.[281] Laut azubi.report 2018 steigen 64 % der Bewerber frühzeitig aus dem Bewerbungsverfahren aus und 34 % beenden das Verfahren, wenn sie nicht nach angemessener Zeit eine Rückmeldung erhalten.[282] Zwischen den Bewerbungsschritten erwartet die Generation Z Feedback und toleriert maximal eine vierwöchige Dauer des Verfahrens.[283] Ebenfalls sieht sie Mehrfachbesuche beim potentiellen Arbeitgeber nicht ein. So sollten diese vermieden werden.[284]

Hinzu kommt der Wunsch nach einem expliziten Ansprechpartner, der konkret auf das Individuum eingeht und es beim Prozess begleitet.[285] Die Persönlichkeit soll auch beim Auswahlverfahren berücksichtigt werden, denn Noten allein repräsentieren den Bewerber nicht.[286] Manch einem Unternehmen bleibt hier auch keine Wahl, denn der Fachkräftemangel beschert in weniger populären Berufen wenig Auswahl, sodass eine Vier in einem relevanten Fach nicht unbedingt zu einem Ausschlusskriterium führt.[287]

Nicht zuletzt sprechen v. a. Stellenanzeigen die junge Generation an, die wahrheitsgemäß formuliert sind und sich von der Masse abheben.[288] Zudem sollten nur erforderliche fachliche Anforderungen ausgeschrieben werden, da diese Liste viele

---

[279] Vgl. *Scholz, C.*, Generation Z, 2014, S. 126.
[280] Vgl. *Parment, A.*, Generation Y, 2013, S. 80 f.
[281] Vgl. *Maas, R.*, Generation Z, 2019, S. 63.
[282] Vgl. *https://www.talentplatforms.de/wp-content/uploads/azubi-report-2018-studie-von-ausbildung-de.pdf*, Zugriff am 12.12.2020.
[283] Vgl. *Kring, W., Hurrelmann, K.*, Generation Z, 2019, S. 29.
[284] Vgl. *Maas, R.*, Generation Z, 2019, S. 64.
[285] Vgl. *Parment, A.*, Generation Y, 2013, S. 80 f.
[286] Vgl. *Kring, W., Hurrelmann, K.*, Generation Z, 2019, S. 32.
[287] Vgl. *Hurrelmann, K., Albrecht, E.*, Greta, 2020, S. 209.
[288] Vgl. *Maas, R.*, Generation Z, 2019, S. 66.

Angehörige der Generation Z abschreckt. Sie besitzen noch nicht das Wissen, dass sie meist nur 80 % dessen erfüllen müssen.[289]

4.3 Mitarbeiterführung der Generation Z

Viele Anforderungen an Führungskräfte decken sich bei Mitarbeitern, unabhängig ob es sich um einen Babyboomer oder um einen Vertreter der Generation Y handelt. Fast jeder präferiert einen Chef, der seine Mitarbeiter fair behandelt. Dennoch weist die Altersklasse Z andere Vorlieben bei der Leitung auf und interpretiert das Führungsverhalten anders. Letzteres war schon bei den Generationen zuvor der Fall. So kann die Führungsperson in ein generationstypisches Muster verfallen und dementsprechend ihre Angestellten führen, das bei der Generation Z möglicherweise nicht so gut ankommt wie noch bei den vorherigen Altersgruppen.[290]

Da Mitarbeiter ein knappes Gut darstellen und sie sich ihrer Optionen auf dem Arbeitsmarkt bewusst sind – v. a. die Generation Z – ist ein Leitungsstil bedeutend, der abgestimmt auf das jeweilige Führungsverständnis ist.[291] Auf die Fragen, welches Führungsverständnis und welchen Leitungsstil die Generation Z von Führungskräften erwartet, wird in den nachfolgenden Kapiteln nach erfolgter Führungsdefinition eingegangen.

4.3.1 Definition von Führung

Der Begriff der Führung, allgemein auch als Mitarbeiterführung, Leadership oder Personalführung bekannt, hält in der Literatur keine allgemeingültige Definition bereit.[292] Aufgrund dessen erfolgt nachfolgend ein Definitionsversuch auf Grundlage mehrerer Autoren.

Rosenstiel definiert Führung als eine zielbezogene Einflussnahme, bei der definierte Unternehmensziele, wie Umsatzgenerierung, durch die direkte Steuerung der Führungskraft von den Geführten erreicht werden.[293] Zudem führt Wunderer an, dass Leitung eine wechselseitige Beeinflussung zwischen Mitarbeiter und Führungskraft zur gemeinsamen Aufgabenerfüllung darstellt.[294] Beim Interaktionsprozess erfolgt eine direkte Steuerung auf das Denken und Handeln des Geführten.

---

[289] Vgl. *Mattmüller, R. et al.*, Personalmarketing, 2019, S. 142.
[290] Vgl. *Mangelsdorf, M.*, Generation Z, 2019, S. 74.
[291] Vgl. *Kast, R.*, Führung, 2014, S. 243.
[292] Vgl. *Berthel, J., Becker, F.*, Personal-Management, 2013, S. 164.
[293] Vgl. *Rosenstiel, L. et al*, Führung, 2014, S. 3.
[294] Vgl. *Wunderer, R.*, Führung, 2006, S. 4.

Doch auch bei einer ineffizienten Steuerung des Mitarbeitenden kann eine Leitung vorliegen.[295] Grundsätzlich haben alle Definitionen eines gemeinsam. Laut ihnen ist Führung eine zielorientierte Einwirkung oder Einflussnahme auf das Verhalten eines anderen Individuums.[296]

Im Verlauf der letzten Jahre hat der richtige Führungsstil an Bedeutung gewonnen, denn er bestimmt vorwiegend über Erfolg oder Misserfolg einer Firma.[297]

4.3.2 Definition und Aufgaben von Führungskräften

Personen gelten als Führungskraft, wenn sie aufgrund einer Unternehmensentscheidung die Befugnis haben, Mitarbeitern des eigenen Verantwortungsbereichs Anordnungen zu erteilen.[298] Neben der fachlichen und der disziplinarischen Weisungserteilung sowie der Koordination und der Verwaltung des eigenen Aufgabenbereichs übernimmt eine Führungskraft Aufgaben der Personalführung, sodass sie gleichzeitig als Manager anzusehen sind.[299] Primär hat eine Führungsperson jedoch die Aufgabe, das Handeln der Mitarbeiter aus dem eigenen Bereich auf den Unternehmenserfolg hin auszurichten. Ferner übernehmen Leitende viel Verantwortung, treffen Entscheidungen, kontrollieren und planen.[300] Bezogen auf die Generation Z wird ihnen zukünftig sowohl ein emotionaler als auch ein kognitiver Spagat abverlangt, denn sie müssen sich von den klassischen Rollenmodellen, die schon in der eigenen Sozialisation Anwendung fanden, verabschieden und sich den gewandelten Erwartungen der Generation Z stellen.[301]

4.3.3 Führungsverständnis der Generation Z

Die meisten Vertreter der Generation Z sind gerade erst im Berufsleben angekommen oder stehen kurz davor, ein Teil der Arbeitswelt zu werden. Daher haben sie noch keine konkrete Antwort darauf, wie sie selbst vom Vorgesetzten geführt werden möchten. Ebenso wird noch etwas Zeit vergehen, bis sie selbst eine Führungsrolle einnehmen.[302] Allerdings zeichnen sich bereits jetzt Präferenzen ab, wie eine

---

[295] Vgl. *Lieber, B.*, Personalführung, 2017, S. 23 f.
[296] Vgl. *Berthel, J., Becker, F.*, Personal-Management, 2013, S. 164.
[297] Vgl. *Jung, H.*, Personalwirtschaft, 2017, S. 410.
[298] Vgl. *Lieber, B.*, Personalführung, 2017, S. 25.
[299] Vgl. *Pastoors, S. et al*, Führung, 2019, S. 10.
[300] Vgl. *Franken, S.*, Führung, 2019, S. 4.
[301] Vgl. *Klaffke, M.*, Millennials und Generation Z, 2014, S. 80.
[302] Vgl. *Mangelsdorf, M.*, Generation Z, 2019, S. 81.

leitende Person sein sollte, nämlich kompetent, freundlich, anerkennend, gerecht und motivierend.[303]

4.3.3.1 Abwendung von Hierarchie und Autoritäten

Weiterhin stellt sich heraus, dass die Generation Z keine Sympathie für Hierarchien hegt. Die Rangstufe allein legt nicht fest, ob die Person auch das Fachwissen besitzt und deshalb möchte diese Altersklasse nicht, dasssich etwaige Personen einmischen.[304] Sie bringt jedoch Argumenten, Erfahrungen, Kompetenz und Authentizität respektvolles Verhalten entgegen.[305] Autoritäten haben nach Meinung der Generation Z nur die Aufgabe, über tägliche Dinge im Berufsalltag zu entscheiden. Die Jugendlichen präferieren folglich eine zweckorientierte Arbeit im Team mit flachen Hierarchien[306], bei der die Führungskraft v. a. Empathie aufbringen soll. Intelligenz und Fachkenntnis reichen nicht aus[307], zumal die Komplexität in der zunehmend digitalisierten Arbeitswelt nur durch gebündeltes Wissen vieler Expertenzu bewältigen ist.[308] Insbesondere die Generation Z ist mit der digitalen Welt schon im Kindesalter in Berührung gekommen, weshalb gerade Vertreter dieser Generation bezüglich digitaler Kompetenz als Experten anzusehen sind, von denen die Führungskraft lernen können. Entsprechend effektiv gestaltet sich eine Leitung auf Augenhöhe, bei der der Lehrling ebenfalls als Lehrender auftritt.[309] Zudem sind die Angehörigen der Altersklasse Z Partizipation und Mitbestimmung durch ihre Erziehung gewöhnt, sodass sie diesen Einbindungscharakter und die Offenheit für Vorschläge ebenso von der Führungskraft erwarten.[310]

Neben einer partnerschaftlichen Führung auf Augenhöhe wünscht sich die Generation Z eine nachhaltige Motivation sowie Führungskräfte, die auf ihre Bedürfnisse eingehen.[311] Als Mentor bzw. Coach steht das Anführen eines Teams im Vordergrund, anstatt der klassische autoritäre, hierarchische Führungsstil. Dabei hat die leitende Personidie Aufgabe, die Potentiale derAngehörigen der Generation Z

---

[303] Vgl. *Mangelsdorf, M.*, Generation Z, 2019, S. 82.
[304] Vgl. *Hesse, G. et al.*, Employer Branding, 2019, S. 83 f.
[305] Vgl. *http://www.sprachenrat.bremen.de/files/aktivitaeten/Generation_Z_Metastudie.pdf*, Zugriff am 17.12.2020.
[306] Vgl. *Hesse, G. et al.*, Employer Branding, 2019, S. 92.
[307] Vgl. *Liebermeister, B.*, Digital, 2017, S. 223.
[308]Vgl. *Franken, S.*, Arbeitswelt, 2016, S. 24.
[309] Vgl. *Maas, R.*, Generation Z, 2019, S. 95.
[310]Vgl. *Kring, W.*, Hurrelmann, K., Generation Z, 2019, S. 82.
[311] Vgl. *Hesse, G. et al.*, Employer Branding, 2019, S. 83.

als Mentor zu erkennen und zu fördern[312]sowie ein positives Feedback formeller und informeller Art regelmäßig zu äußern.[313]

Vermutlich sind es die eigenen hohen Anforderungen sowie die Nichtführbarkeit der eigenen Generation, die die Alterskohorte Z die zukünftige Führungsverantwortung ablehnen lassen. Die Aufrechterhaltung des Betriebsklimas als Beispiel sehen sie nicht in ihrem Zuständigkeitsbereich, sondern in dem des Unternehmens und der Führungskraft.[314] Die Ablehnung der Leitungsverantwortung kann ferner auf ihre Kindheit zurückgeführt werden, da ihre ‚Helikopter-Eltern' und ihr Umfeld stets die Verantwortung übernommen und sie vor allen Problemen bewahrt haben.[315] Führungskräfte müssen daher kleinschrittig diese Verantwortung anerziehen und neben Mentor und Coach als Erzieher dienen[316], denn dem Wunsch nach strikter Ablehnung kann nicht nachgekommen werden.[317]

4.3.3.2 Transaktionaler Führungsstil als Erfolgsgarant

Weiterhin ist der Wunsch nach einem transaktionalen Führungsstil mit klaren Zielen und Vereinbarungen beobachtbar. Während die Generation Y noch den transformationalen Leitungsstil mit Unternehmensvisionen und der Führungskraft als Vorbild als für sich optimal angesehen hat, hegen die Vertreter der Generation Z keinerlei Emotionen gegenüber ihrem Arbeitgeber. Nach getaner Arbeit möchten sie sich kompromisslos ihren Hobbys zuwenden.[318] Der transaktionale Führungsstil ist zudem durch seinen sachlichen Charakter und den ständigen Austausch zwischen Mitarbeiterleistung und Führungskraft gekennzeichnet, was bei der Altersklasse Z die Angst vor Überforderung reduziert und ein Sicherheitsgefühl hervorruft.[319] Sobald komplexe Aufgaben ohne eine kleinschrittige sowie ergebnis- und zielorientierte Leitung übertragen werden, besteht zum einen die Gefahr des Misserfolgs und zum anderen das Risiko, dass sich der Mitarbeiter noch vor Projektende emotionslos vom Unternehmen löst.[320]

---

[312]Vgl. *Schröder-Kunz, S.*, Führen, 2019, S. 29.
[313]Vgl. *Parment, A.*, Generation Y, 2013, S. 83.
[314]Vgl. *Scholz, C.*, Generation Z, 2014, S. 179.
[315]Vgl. *Scholz, C.*, Generation Z, 2014, S. 42 f.
[316]Vgl. *Ciesielski, M., Schutz, T.*, Führung, 2016, S. 58.
[317]Vgl. *Scholz, C.*, Generation Z, 2014, S. 181.
[318]Vgl. *Scholz, C.*, Karriere, 2015, S. 57 f.
[319]Vgl. *Scholz, C.*, Generation Z, 2014, S. 176 f.
[320]Vgl. *Ciesielski, M., Schutz, T.*, Führung, 2016, S. 115; Vgl. *Scholz, C.*, Generation Z, 2014, S. 177; Vgl. *Wunderer, R.*, Führung, 2006, S. 81.

Welche Folge die Nichtbeachtung mit sich bringen kann, verdeutlicht ein von Scholz konstruiertes Beispiel: Emily soll ein bedeutendes Projekt eigenverantwortlich leiten. Sie besitzt dafür jedoch weder die Kompetenz noch die Muße, in der kurzen Zeit die Inhalte zu erlernen. Ihr Chef bemerkt ihre Überforderung nicht. Als Notfallplan wählt sie den Weg der Kündigung, die Emily ihrem Chef vorlegt. Da sie keinerlei emotionale Bindung zur Firma und zum Projekt verspürt, fällt ihr der Schritt nicht schwer.[321]

Anlehnend an das Beispiel präferiert die Generation Z Führungskräfte, die sie bei ihren hochgesteckten Unternehmenszielen und beim Erreichen dieser unterstützen. Dabei kommt Vorgesetzten die Aufgabe zu, jegliche Hindernisse zu entfernen, ihre Angestellten anzuspornen, ohne Druck auszuüben, und ihren Erfolgsweg zu ebnen.[322] Zusätzlich gehört es zum Aufgabenbereich des Vorgesetzten, sich sowohl um Maßnahmen zur Weiterbildung zu kümmern als auch Aufgaben zu delegieren, die den persönlichen Zielen entsprechen.[323] Kompetenzförderung sowie Zielberücksichtigung bei der Generation Z stellen ebenfalls Teile der Grundprinzipien transaktionaler Führung dar.[324]

Neben einer unterstützenden Führungskraft wünscht sich die Generation Z Vorgesetzte, die in stressigen Phasen Ruhe ausstrahlen. Laut einer Studie der Universität Bielefeld zum Thema Stress fand Ziegler heraus, dass jeder fünfte Jugendliche deutlich gestresst ist und viele Heranwachsende an Versagensängsten leiden. Rund ein Sechstel der Kinder hat zudem Schwierigkeiten, Probleme eigenständig zu lösen. Dies ist zurückzuführen auf die fehlende Selbstbestimmung in der Kindheit der Generation Z. Aufgrund der hohen Erwartungshaltung der Eltern werden Stress und Angst vor Enttäuschungen hervorgerufen.[325]

Folglich ist das Führungsverständnis der Generation Z nicht mehr mit traditionellen Leitungsstilen zu bewältigen und verlangt nach einem grundlegenden Wandel.[326] Gründe hierfür sind im demografischen Wandel zu finden, in der Digitalisierung, der Globalisierung sowie im Individualisierungsdrang. Es liegt aber auch an

---

[321] Vgl. *Scholz, C.*, Generation Z, 2014, S. 174 f.
[322] Vgl. *Mangelsdorf, M.*, Generation Z, 2019, S. 82.
[323] Vgl. *Scholz, C.*, Generation Z, 2014, S. 175.
[324] Vgl. *Wunderer, R.*, Führung, 2006, S. 243.
[325] Vgl. https://www.bepanthen.de/static/documents/stress-bei-kindern/03_abstract_ziegler.pdf, Zugriff am 19.12.2020; Vgl. *Mangelsdorf, M.*, Generation Z, 2019, S. 82.
[326] Vgl. *Franken, S.*, Arbeitswelt, 2016, S. 24.

den hohen Erwartungen der Generation Z gegenüber der Führung sowie am Wandel vieler Unternehmen.[327]

4.4 Bindung der jungen Generation

Neben der Schwierigkeit des Recruitings und der Führung ist es eine ebenso große Aufgabe für Betriebe, die Altersgruppe Z zu binden. Angesichts der vielen beruflichen Alternativen kann sie stets die Variante auswählen, die ihr am meisten Befriedigung verspricht.[328] Als ‚zartePusteblumen' benötigen sie daher empathische Führungskräfte und Kollegen, da sie ansonsten vertrieben werden.[329]Zudem distanzieren sie sich von Überforderung undvom Risiko, an Burn-out zu erkranken.[330]

Im Gegensatz zur Generation Y sind die Vertreter der Altersgruppe Z Einzelkämpfer auf der ständigen Suche nach Lebenslustmaximierung und einem besseren Einkommen. Haben sich die Millennials noch an Kollegen gebunden, achten die Berufseinsteiger nur noch darauf, ihre eigenen Ziele ohne Rücksicht auf ihre Mitmenschen zu erreichen.[331]

Um die im Zentrum dieser Arbeit stehende Generation Z zu binden, muss ein Gespür für den individuellen Vertreter der Altersklasse Zentwickelt werden, welche Eigenschaften für ihn wesentlich sind und ihmFreude bereiten. Zudem sollte er persönlich seinen Arbeitsplatz gestalten dürfen, damit er sich wohlfühlt (Generation Kuschelkohorte[332]).[333] Nicht zuletzt hat die nach außen transportierte Arbeitgebermarke auch nach Berufseintritt eine authentische und positive Wirkung auszustrahlen und muss vom Arbeitgeber gelebt werden.[334] Die ständige Attraktivitätsüberprüfung sowie Verbesserung entsprechendabei einem kontinuierlichen Verbesserungsprozess, um die Generation Z erfolgreicher an sich zu binden. Welche schwierige Aufgabe der Bindung zukommt, offenbaren die Berufsbiografien

---

[327] Vgl. *Liebermeister, B.*, Digital, 2017, S. 234.
[328]Vgl. *Hurrelmann, K., Albrecht, E.*, Greta, 2020, S. 202.
[329] Vgl. *Maas, R.*, Generation Z, 2019, S. 93.
[330]Vgl. *Hurrelmann, K., Albrecht, E.*, Greta, 2020, S. 203.
[331] Vgl. *Hesse, G. et al.*, Employer Branding, 2019, S. 81, 90.
[332]Vgl. *Scholz, C.*, Generation Z, 2014, S. 117 ff.
[333]Vgl. *Kring, W., Hurrelmann, K.*, Generation Z, 2019, S. 82.
[334]Vgl. *Kring, W., Hurrelmann, K.*, Generation Z, 2019, S. 82; Vgl. *Parment, A.*, Generation Y, 2013, S. 80.

der Altersgruppe Z, denn Arbeitsplätze werden genau wie Berufe wie selbstverständlich gewechselt.[335]

Als Betrieb und Führungskraft ist es unerlässlich, die Vorstellungen und Erwartungen an die Arbeitswelt, die in Kapitel 4 ihre Erläuterung fanden, aufzunehmen und zu erfüllen. Zudem ist es grundlegend, sie auch bei Entscheidungen partizipieren zu lassen.[336] Die Generation Z bringt zwar große Toleranz für andere Kulturen und Sexualitäten auf[337], toleriert jedoch nicht die Nichtbeachtung ihrer Erwartungen an die Arbeitsweise.[338] Daher ist es bedeutsam, dass die leitenden Personen unverzüglich auf Kritik reagieren, sobald diese geäußert wird.[339]

Nach der Thematisierung der Vorstellungen, Erwartungen und Wünsche der Altersklasse Z sowie der Darlegung der Handlungsempfehlungen an die Führungskräfte stellt sich die Frage, „ob das Konzept langfristige Bindung überhaupt zukunftsfähig ist"[340].

---

[335] Vgl. *McDonald's,* Ausbildungsstudie, 2019, S. 94.
[336] Vgl. *McDonald's,* Ausbildungsstudie, 2019, S. 97; Vgl. *Kring, W.,* Hurrelmann, K., Generation Z, 2019, S. 75.
[337] Vgl. *Liebermeister, B.,* Arbeitswelt, 2019, S. 49.
[338] Vgl. *Kring, W.,* Hurrelmann, K., Generation Z, 2019, S. 84.
[339] Vgl. *Hurrelmann, K.,* Albrecht, E., Greta, 2020, S. 203.
[340] Vgl. *Scholz, C.,* Generation Z, 2014, S. 109.

5 Die neue Generation Alpha

In der bestehenden Literatur wird häufig über die Babyboomer, die Generation X, die Millennials und die Generation Z berichtet. Doch eine Generation hat es bisher noch nicht ins Zentrum der Aufmerksamkeit geschafft: die neue Generation Alpha. Aber auch die Alphas interagieren bereits mit den Menschen um sich herum.[341] Sie stellen die erste Generation dar, die vollends im 21. Jahrhundert geboren und aufwachsen wird.[342] So repräsentieren sie v. a. die Zukunft und bilden als die zukünftig größte GenerationVermutungen für das nächste Jahrzehnt und darüber hinaus.[343] Daher wird in der Arbeit nun auf jene diese Generation Alterskohorte eingegangen.

5.1 Wer ist die Generation Alpha?

„Noch laufen sie unter dem Radar der Marketingverantwortlichen. Auch, weil viele von ihnen noch nicht laufen können, geschweige denn geboren wurden. Es geht um: die Kinder der Millennials."[344] So lautet die treffende Einleitung von Müller in der Zeitschrift W&V. Die ersten Angehörigen der Generation Alpha wurden im Jahr 2010 geboren, einer Zeit, in der das erste iPad veröffentlicht und Instagram Einzug in Social Media gehalten hat. Nach der typischen Generationslänge von 15 Jahren und somit bis Ende 2024 wird das letzte Kind der Generation Alpha das Licht der Welt erblicken. Bis dahin werden Textbücher und analoge Uhren durchneue Technologien, wie selbstfahrende Autos,5G-Netze und Quanteninformatik, abgelöst. Des Weiteren stellen sowohl Trump als auch der Brexitsowie die andauernde Covid-19-Pandemie und deren Auswirkungen auf die Wirtschaft und das private Umfeld prägende Ereignisse im bisherigen Leben der Alphas dar.[345]

Die Bezeichnung*Generation Alpha* geht auf den Demografie- und Sozialforscher Mark McCrindle zurück. In einer Umfrage hat eraustralische Probanden befragt, wie ihrer Meinung nach die Generation nach Zlauten könnte.Mit 25 % der Stimmen wurde Generation A vorgeschlagen, da mit der Altersgruppe Z bereits das Ende des

---

[341] Vgl.*https://www.fastcompany.com/3055407/how-the-generation-born-today-will-shape-the-future-of-work*, Zugriff am 25.10.2020.

[342] Vgl. *https://www.heise-regioconcept.de/online-marketing/wie-die-generation-alpha-marketingtrends-setzt*, Zugriff am 25.10.2020.

[343] Vgl. *McCrindle, M.; Fell, A.*, Alpha, 2020, S. 7.

[344] *https://www.wuv.de/marketing/wer_ist_eigentlich_diese_generation_alpha*, Zugriff am 25.10.2020.

[345] Vgl. *https://generationalpha.com/wp-content/uploads/2020/02/Generation-Alpha-Infographic-2020.pdf*, Zugriff am 25.10.2020.

Alphabets erreicht wurde.[346] Doch für den Sozialforscher bedeutet die junge Generation einen Neuanfang – wie das neue Jahrhundert. So hätte sie die Bezeichnung *Zurück zum Anfang* nicht richtig umschrieben.[347] Bei den Meteorologen hat es Tradition, nach Erschöpfung des lateinischen Alphabets auf das Griechische umzusteigen. Da viele Soziologen diesem Beispiel folgen, wurde auch hier die Normfolge übernommen. So fand eine Einigung im Hinblick auf den Namen *Generation Alpha* statt – der Beginn für etwas Neues.[348] Zudem bietet die generische Benennung eine Plattform für freie Identitätsentfaltung. Beschreibende Benennungen, wie Babyboomer, geltendabei als Ausnahme.[349]

Hotwire sieht die Generation Alpha hingegen als die geborenen Digital Natives, denn schon im Kleinkindalter agieren sie wie selbstverständlich mit der Technologie, swipen Benachrichtigungen am Display zur Seite und entwickeln eigene Musikvideos mit TikTok. Dieses versierte Technologieverständnis weisen nicht einmal die Generationen Y und Z auf.[350]

5.2 Stand der Forschung

Die Technologieaffinität wird der Generation Alpha von Beginn an von ihren Eltern, den Digital Natives erster Art, vermittelt. Dasselbe gilt für das Verständnis für die Digitalisierung. Im Vergleich zur Generation Z bringt sie noch weniger Verständnis dafür auf, wenn die Möglichkeit der Vernetzung nicht gegeben ist. Das ist auch der Fall, wenn das Smartphone nicht nutzbar ist.[351]Dies stellt jedoch das Resultat diverser Umstände dar, denn schon im jüngsten Alter dienen Bildschirme, sei es ein Smartphone, Tablet oder Fernseher, als Schnuller-, Lehrmittel- und Unterhaltungsersatz. Zum einen erfolgt die Bildung dadurch spielend und die digitale Kompetenz wird früh erreicht, doch zum anderen kann es sich negativ auf die soziale Kompetenz und die Aufmerksamkeit auswirken. Dies betrifft alle Generationen, doch es formt v. a. die Generation Alpha in ihrer formativen Phase.Nicht ohnehin hat sie

---

[346] Vgl. *https://mccrindle.com.au/insights/blogarchive/why-we-named-them-gen-alpha/*, Zugriff am 25.10.2020.
[347] Vgl. *McCrindle, M.; Fell, A.*, Alpha, 2020, S. 5.
[348] Vgl. *https://mccrindle.com.au/insights/blogarchive/why-we-named-them-gen-alpha/*, Zugriff am 25.10.2020.
[349] Vgl. *McCrindle, M.; Fell, A.*, Alpha, 2020, S. 5.
[350] Vgl. *https://www.hotwireglobal.com/feature/understanding-generation-alpha-2-de*, Zugriff am 25.10.2020.
[351] Vgl. *Maas, R.*, Generation Z, 2019, S. 102.

zusätzlich den Namen *Generation Glas* erhalten.[352] Schon in der Vorschule nutzen Kinder 14 bis 15 Stunden in der Woche digitale Geräte.[353] Laut der Bitkom-Studie, in der Kinder und Jugendliche in der digitalen Welt untersucht worden sind, verwenden knapp über die Hälfte der 6- bis 7-Jährigen gelegentlich ein Smartphone, 40 % davon bereits das Internet. Die Internetnutzung beschränkt sich dabei noch vorwiegend auf das Ansehen von Filmen, Serien und Videos.[354]

Der Frage, wie die Eltern zum Technologieverständnis ihrer Kinder stehen, ist die Kommunikationsberatung Hotwire nachgegangen. Im Auftrag dieser hat der Marktforscher Onepoll im Juli 2018 8000 Eltern von 4- bis 9-Jährigen länderübergreifend zur Thematik befragt.[355] Demnach sehen 65 % der Eltern weltweit mehr Zukunftschancen in der Technologienutzung als Gefahren, 44 % erachten den größten Vorteil im schnelleren Denken. Zudem meint ungefähr jeder Dritte, dass Probleme effizienter gelöst werden können. Wenn es nach der Mehrheit der Eltern geht, so fragen sie vor einer neuen Technikanschaffung zunächst nach der Meinung und den Bedürfnissen ihres Nachwuchses (65 %).[356]

Die Vertreter der Generation Alpha sind die zukünftigen Konsumenten. Während sie noch nicht das Teenageralter erreicht haben[357] und für Marketer durch die fehlende Kaufkraft und das geringe Taschengeld uninteressant wirken, beeinflussen sie schon jetzt das Angebot am Markt – v. a. das Segment für smartes Spielzeug. Da sie bereits als Kleinkinder in Kontakt mit Smart Devices gekommen sind, fordern sie dies auch bei zukünftigen Anschaffungen. Spielzeuge mit künstlicher Intelligenz, die agieren und antworten wie Menschen sowie die Entwicklung fördern, stehen dabei hoch im Kurs.[358]

Laut der Hotwire-Studie 2018 gehen Eltern davon aus, dass Kinder bereits im Alter von 8 Jahren ein besseres technologisches Verständnis besitzen als sie selbst.

---

[352] Vgl. *McCrindle, M.; Fell, A.*, Alpha, 2020, S. 8.
[353] Vgl. https://www.wuv.de/marketing/wer_ist_eigentlich_diese_generation_alpha, Zugriff am 25.10.2020; Vgl. *Maas, R.*, Generation Z, 2019, S. 101.
[354] *Vgl. https://www.bitkom.org/sites/default/files/2019-05/bitkom_pk_charts_kinder_und_jugendliche_2019.pdf, Zugriff am 25.10.2020.*
[355] Vgl. *https://www.heise-regioconcept.de/online-marketing/wie-die-generation-alpha-marketingtrends-setzt*, Zugriff am 25.10.2020.
[356] Vgl. *https://www.hotwireglobal.com/feature/understanding-generation-alpha-2-de*, Zugriff am 25.10.2020.
[357] Vgl. *McCrindle, M.; Fell, A.*, Alpha, 2020, S. 10.
[358] Vgl. *https://www.wuv.de/marketing/wer_ist_eigentlich_diese_generation_alpha*, Zugriff am 25.10.2020.

Marketer müssen daher darauf achten, inwieweit eine Anpassung an das Kind notwendig ist und wo dessen Prioritäten liegen. Kinderfreundliche Versionen von Apps sind dann bei den Alphas nicht mehr notwendig, sofern entsprechende Einstellungen vorgenommen werden können.[359]

Sobald sich die ersten Alphas auf dem Arbeitsmarkt umsehen, haben es Recruiter durch Big Data einfacher als je zuvor, die nächste Generation für sich zu gewinnen. Je mehr personenbezogene Daten in digitalen Produkten gespeichert werden, desto mehr Informationen liegen vor, um Bedürfnisse von Arbeitgeber und -nehmer abzugleichen. Mit Blick in die Zukunft wird der Bewerbungsmappe eine noch geringere Rolle zukommen, als es schon jetzt bei der Generation Z der Fall ist.[360]

Neben der vermehrten Nutzung von Technologienwerden die Alphas eine noch bessere Ausbildung erfahren als die Generationen vor ihnen.[361] Der Jugendforscher Simon Schnetzler führt nochden Umweltschutz, den Klimawandel, die Wasserknappheit und den sozialen Zusammenhalt der Menschheit als prägende Ereignisse im Leben der Generation Alpha an. Zudem sollen sie vom gesellschaftlichen Wohlstand profitieren.[362]

Die Generation Glas verbringt ihre Zeit jedoch nicht nur mit digitalen Geräten, denn die Innovationsforscherin Hayley Ard stuft sie zudem als abenteuerlustige Kinder ein, die in der Freizeit gern die Natur erkunden undihre Zeit dazu nutzen, Fehler zu begehen.[363]Trotz aller Veränderungen im Wandel bleiben die zeitlosen Grundbedürfnisse nach Akzeptanz, Zugehörigkeit und Gemeinschaft bestehen.[364]

---

[359] Vgl. *https://www.hotwireglobal.com/feature/understanding-generation-alpha-2-de*, Zugriff am 25.10.2020.
[360] Vgl. *Maas, R.*, Generation Z, 2019, S. 102.
[361] Vgl. *McCrindle, M.; Fell, A.*, Alpha, 2020, S. 12.
[362] Vgl.*https://simon-schnetzer.com/generation-alpha/*, Zugriff am 27.10.2020.
[363] Vgl. *https://www.wuv.de/marketing/wer_ist_eigentlich_diese_generation_alpha*, Zugriff am 25.10.2020.
[364] Vgl. *McCrindle, M.; Fell, A.*, Alpha, 2020, S. 19.

5.3 Auswirkungen der Corona-Pandemie

Covid-19 stellt seit Februar 2020 eine noch wenig erforschte Erkrankung dar, durch die ein schweres akutes Atemwegssyndrom herbeigeführt wird. Mit der Erkrankung gehen Kontaktverbote sowie konkrete Schutz- und Hygienemaßnahmen einher[365], die u. a. Auswirkungen auf die Generation Alpha haben.

Laut der im Mai 2020 veröffentlichten Studie von McCrindle glauben über 80 % der Erwachsenen, dass Covid-19 eine bedeutende Rolle beim Aufwachsen der heutigen Kinder spielen wird. Die ältesten Vertreter der Alphas sind 10 Jahre alt und bekommen das Ausmaß der Pandemie zu spüren. Warum sie 1,5 Meter Abstand halten müssen, sich nur begrenzt mit Freunden und Familie treffen dürfen oder warum ihre Eltern plötzlich vom Küchentisch aus arbeiten, ist ihnen nicht unbedingt bewusst.[366]

Außerdem stimmten 90 % der Erwachsenen der Aussage zu, dass die Technologien und Bildschirme nach der Corona-Erfahrung noch mehr integriert werden als zuvor. Die Generation Alpha wardavon zwar schon betroffen, doch das Ausmaß wird weiter zunehmen. Die Schule findet im Jahr 2020 online statt, während das Lernen unter Freunden von Angesicht zu Angesicht wegfällt. Auch Freundschaften werden per Zoom und bei virtuellen Spieleabendenden gepflegt. Die Autoren empfinden es daher als bedeutend, die Technologien in neuer spielerischer Art zu nutzen und neue Wege zu finden, um am Alltagsleben teilnehmen zu können und das Sozialleben aufrechtzuerhalten. Das Familienleben hingegen hat sich verbessert, da über die Hälfte der Befragten mehr Zeit mit dem Partner bzw. der Familie verbringen als vorher.[367]

Weiterhin wurde in der COSPY-Studie untersucht, wie sich die Pandemie auf die psychische Gesundheit von Kindern und Jugendlichen auswirken und welche Folgen dies haben wird. Mitarbeiter des Universitätsklinikums Hamburg-Eppendorf fanden dabei heraus, dass die Veränderungen, die im sozialen Umfeld geschehen, v. a. die Lebensqualität in sozial schwächeren Familien mindern und sich dadurch das Risiko für psychische Erkrankungen erhöht. Die Mehrheit der Kinder belastet die außerordentliche Situation, sie achten weniger auf ihr Wohlergehen und berichten von vermehrten Streitereien in der Familie. Ungefähr ein Viertel der Kinder weisen

---

[365] Vgl. *https://www.bundesregierung.de/breg-de/themen/coronavirus/informationen-zum-coronavirus-1734932*, Zugriff am 28.10.2020.
[366] Vgl. *McCrindle, M.; Fell, A.*, COVID-19, 2020, S. 15.
[367] Vgl. *McCrindle, M.; Fell, A.*, COVID-19, 2020, S. 15 f.

eine Hyperaktivität auf, andere wiederum haben mit Verhaltensproblemen zu kämpfen. Psychosomatische Beschwerden äußern sich überwiegend in Gereiztheit, gefolgt von Schlafproblemen sowie Kopf- und Bauchschmerzen. Die Schattenseiten der Pandemie und die negativen Auswirkungen betreffen jedoch vorwiegend die älteren Vertreter der Generation Alpha.[368]

---

[368] Vgl. *https://www.uke.de/allgemein/presse/pressemitteilungen/detailseite_96962.html*, Zugriff am 01.11.2020.

6 Fazit

Die Generation Z tritt in den kommenden Jahren vermehrt in den Arbeitsmarkt ein. Dabei treffen sie auf einen infolge des demografischen Wandels begründeten Bewerbermarkt, der gegenübereiner zunehmend alternden Belegschaft und steigenden Pensionierungen zu wenig nachrückende Fachkräfte bereithält. Das stellt Unternehmen vor große Herausforderungen. Nur mithilfe guter Kenntnisse,bezogen auf die gewandelte Lebens- und Arbeitsweise der nachrückenden Generation Z, können sie gut ausgebildete Fachkräfte für sich gewinnen und binden. Dahingehend wurde in dieser Abschlussarbeit untersucht, welche Charakteristiken im Leben der Altersklasse Z dominieren und welche Rekrutierungs-, Führungs- und Bindungsmaßnahmen ihren Erwartungen an die Arbeitswelt entsprechen.

Nach erfolgter Literaturanalyse kann die Generation Z als digital versierte, global vernetzte, familientreue, tolerante und engagierte Alterskohortemit einem ausgeprägten Selbstverwirklichungsdrang typisiert werden. Mit dem Internet, Computer und Smartphone sind sie aufgewachsen, weshalb sie sich diesbezüglich anderen Generationen überlegen fühlen. Mit 12 Jahren besitzen nahezu alle Kinder ein Smartphone. In ihrer Freizeit verbringen sie am meisten Zeit in sozialen Netzwerken, wie Instagram und Snapchat, distanzieren sich jedoch zunehmend von Facebook. Dies tun sie einerseits, um ihrer Individualität durch Bilder und Postings Ausdruck zu verleihen und andererseits, um Freundschaften auf der ganzen Welt zu pflegen und ihren Informationsdurst zu stillen. Ferner kommen die Vertreter der Generation Z aufgrund der Globalisierung und der Möglichkeit, über Landesgrenzen hinweg studieren und arbeiten zu können, mit einer erhöhten Vielfalt in Berührung, weshalb sie aufgeschlossen gegenüber anderen Kulturen und Religionen sind. Ebenso tolerant zeigen sie sich im Hinblick auf neue Lebensstile und gleichgeschlechtliche Beziehungen. In ihrer Freizeit engagieren sie sich zudem rund um die Themen Umwelt und Klimaschutz, indem sie im Rahmen von FFF für ihre Zukunft demonstrieren. Weiterhin konnte mithilfe der Literaturanalyse ein enges Verhältnis der Generation Z zu ihren Eltern herausgestellt werden, von der sich die Altersgruppe Z auch im Erwachsenenalter nicht lösen möchte. Mutter und Vater nehmen die Rolle der Behütenden ein und beraten sie bei allen schulischen und beruflichen Zukunftsentscheidungen.

Als erfolgreiche Personalbeschaffungsmaßnahmen zählen das E-Recruiting und das Mobile Recruiting. Unternehmenswebseiten und Internet-Stellenbörsen finden großen Anklang als Rekrutierungskanäle, da die Digital Natives bevorzugt den elektronischen Weg der Bewerbung wählen. Da die Generation Z ihren Alltag online mit digitalen Freunden teilt, erregt die Social-Media-Ansprache durch Postings und Testimonials ebenfalls ihre Aufmerksamkeit. Anders als erwartet sucht die Altersgruppe Z nach zukünftigen Arbeitgebern auch über klassische Kanäle, wie Messen und Zeitungen. Ebenso fungierenihre Eltern als Drittkontakte.

Hinsichtlich der Arbeitswelt erwartet die Generation Z einen Job, der ihr Spaß bereitet, sicher ist und den eigenen Neigungen und Fähigkeiten entspricht. Eine erfüllte Arbeit ist unerlässlich, genauso wie die Möglichkeit zur Weiterentwicklung. Die Vertreter der Altersklasse Z erwarten von Führungskräften einen stressfreien Arbeitsalltag inklusive der strikten Trennung von Arbeit und Privatleben. Als mündiges, qualifiziertes Fachpersonal präferieren sie keine autoritäre Führung, sondern einen kooperativen, unterstützenden Führungsstil, bei der dieFachexpertise mehr zählt als die hierarchische Stellung. Außerdem erwarten sie eine kleinschrittige, auf Zielen und Vereinbarungen basierende transaktionale Führung. Ein regelmäßiges positives Feedback zählt als Selbstverständlichkeit. Sollten Abweichungen zu den Erwartungen bestehen, wird dies nicht toleriert und hat meist eine Kündigung zur Folge. Ob das Konzept der langfristigen Bindung nach Einhaltung aller Vorstellungen der Generation Züberhaupt zukunftsfähig ist, sei dahingestellt. Ebenfalls wird die Zukunft zeigen, inwieweit sich ihre Anforderungen an Führungskräfte in ihrem Leitungsstil widerspiegelt.

Mit der Generation Alpha treten die geborenen Digital Natives ins Leben. Ihre Technologieaffinität und die Selbstverständlichkeit der Digitalisierung lernen sie bereits von ihren Eltern, denn Smartphones und Tablets dienen ihnen als ‚Schnuller' und Lehrmittelersatz. Inwieweit sich die Erwartungen der Altersgruppe Zauf die Alphas übertragen und ob bei ihnen ein neues Extremauftaucht,bleibt abzuwarten.

Letztlich steckt in jedem Menschen ein Individuum mit persönlichen Stärken und Schwächen, weshalb das Unternehmen und die Führungskräfte die unterschiedlichen Eigenschaften wahrnehmen und wertschätzen sollten.Wesentlich herauszustellen ist zudem, dass die Geburtenjahrgänge keine strikte Trennlinie für oder gegen eine Generation darstellen, vielmehr sind die Wertemuster das ausschlaggebende Kriterium.

Würde man das von Sokates zu Anfang angeführte Zitat an die Generation Z anpassen, müsste eslauten:

„Die Jugend von heute liebt den Luxus [der Digitalisierung, der Globalisierung sowie das Sprungbrett des Fachkräftemangels], hat schlechte Manieren[sich in Geduld zu üben]und verachtet die Autorität[im Führungsstil]. Sie widersprechen ihren Eltern[niemals], legen die Beine[nach einem 9-Stunden-Arbeitstag verdient] übereinander und tyrannisieren ihre Lehrer[, wenn ihre Erwartungen keine Beachtung finden]."

Literaturverzeichnis

Arenberg, Petra (Ressource, 2018): Age Diversity in Organisationen als Ressource zur erfolgreichen Adaption an den demografischen Wandel, in: SRH Fernhochschule (Hrsg.), Demografischer Wandel: Aufbruch in eine altersgerechte Arbeitswelt, 2018, S. 1-12

Astheimer, Sven, Löhr, Julia (Ochsentour, 2013): „Die Ochsentour hat ausgedient", in: FAZ, (2013), Nr. 130, S. C2

Bebnowski, David (Generation, 2012): Generation und Geltung: Von den „45ern" zur „Generation Praktikum" – übersehene und etabliere Generationen im Vergleich, Bielefeld: transcript Verlag, 2012

Becker, Bernhard (Babyboomer, 2014): Babyboomer: Die Generation der Vielen, Berlin: Suhrkamp Verlag, 2014

Berthel, Jürgen, Becker, Fred G. (Personal-Management, 2013): Personal-Management: Grundzüge für Konzeptionen betrieblicher Personalarbeit, 10. Aufl., Stuttgart: Schäffer-Poeschel Verlag, 2013

Blair, Kristine L., Almjeld, Jen, Murphy, Robin M. (CrossCurrents, 2014): CrossCurrents: Cultures, Communities, Technologies, Wadsworth: Cengage Learning, 2014

Bruch, Heike, Kunze, Florian, Böhm, Stephan (Generationen, 2010): Generationen erfolgreich führen: Konzepte und Praxiserfahrungen zum Management des demografischen Wandels, Wiesbaden: Gabler | GWV Fachverlage GmbH, 2010

Budras, Corinna (Generation Greta, 2020): Die „Generation Greta" ist weiblich, in: FAZ, (2020), Nr. 221, S. 16

Bundesinstitut für Bevölkerungsforschung (Bevölkerung, 2018): Bevölkerung in Deutschland, in: Geographische Rundschau, (2018), Nr. 11, S. 1-8

Calmbach, Marc, Thomas, Peter Martin, Borchard, Inga, Flaig, Bodo (Jugendliche, 2012): Wie ticken Jugendliche?: Lebenswelten von Jugendlichen im Alter von 14 bis 17 Jahren in Deutschland, Altenberg: Verlag Haus Altenberg, 2012

Calmbach, Marc, Borgstedt, Silke, Borchard, Inga, Thomas, Peter Martin, Flaig, Berthold Bodo (Jugendliche, 2016): Wie ticken Jugendliche?: Lebenswelten von Jugendlichen im Alter von 14 bis 17 Jahren in Deutschland, Wiesbaden: Springer, 2016

Ciesielski, Martin A., Schutz, Thomas (Führung, 2016): Digitale Führung: Wie die neuen Technologien unsere Zusammenarbeit wertvoller machen, Berlin Heidelberg: Springer Gabler, 2016

Deutscher Bundestag (Jugendbericht, 2017): Bericht über die Lebenssituation junger Menschen und die Leistungen der Kinder- und Jugendhilfe in Deutschland – 15. Kinder- und Jugendbericht – und Stellungnahme der Bundesregierung, Drucksache 18/11050, Berlin: o. O., 2017

Eberhardt, Daniela (Generationen, 2016): Generationen zusammen führen: Mit Millennials, Generation X und Babyboomern die Arbeitswelt gestalten, Freiburg: Haufe-Lexware GmbH & Co. KG, 2016

Ecarius, Jutta, Eulenbach, Marcel (Hrsg.)(Jugend, 2012): Jugend und Differenz: Aktuelle Debatten der Jugendforschung, Wiesbaden: Springer VS, 2012

Franken, Swetlana (Arbeitswelt, 2016): Führen in der Arbeitswelt der Zukunft: Instrumente, Techniken und Best-Practice-Beispiele, Wiesbaden: Springer Gabler, 2016

Franken, Swetlana (Führung, 2019): Verhaltensorientierte Führung: Handeln, Lernen und Diversity in Unternehmen, 4. Aufl., Wiesbaden: Springer Gabler, 2019

Günther, Tina (Demografische Entwicklung, 2014): Die demografische Entwicklung und ihre Konsequenzen für das Personalmanagement, in: *Preißing, Dagmar* (Hrsg.), Erfolgreiches Personalmanagement im demografischen Wandel, 2014, S. 1-48

Günther, Tina (Demografische Entwicklung, 2014): Die demografische Entwicklung und ihre Konsequenzen für das Personalmanagement, in: *Preißing, Dagmar* (Hrsg.), Erfolgreiches Personalmanagement im demografischen Wandel, 2014, S. 1-48

Hanisch, Horst (Generation Z, 2019): Die flotte Generation Z im 21. Jahrhundert: entscheidungsfreudig – effizient – eigenverantwortlich: Wie mit der Generation Z zielorientiert und erfolgreich gearbeitet werden kann, 2. Aufl., Norderstedt: Books on Demand, 2019

Helsper, Werner (Jugend, 2012): Jugend in Modernisierungsambivalenzen und die ‚Antwort' von Schulkulturen, in: *Ecarius, Jutta, Eulenbach, Marcel* (Hrsg.), Jugend und Differenz: Aktuelle Debatten der Jugendforschung, 2012, S. 77-106

Hermeier, Burghard, Heupel, Thomas, Fichtner-Rosada, Sabine (Hrsg.)(Arbeitswelten, 2019): Arbeitswelten der Zukunft: Wie die Digitalisierung unsere Arbeitsplätze und Arbeitsweisen verändern, Wiesbaden: Springer Gabler, 2019

Hesse, Gero, Mattmüller, Roland (Hrsg.)(Perspektivwechsel, 2015): Perspektivwechsel im Employer Branding: Neue Ansätze für die Generationen Y und Z, Wiesbaden: Springer Gabler, 2015

Hesse, Gero, Mayer, Katja, Rose, Nico, Fellinger, Christoph (Employer Branding, 2015): Herausforderungen für das Employer Branding und deren Kompetenzen, in: *Hesse, Gero, Mattmüller, Roland* (Hrsg.), Perspektivwechsel im Employer Branding: Neue Ansätze für die Generationen Y und Z, 2015, S. 53-104

Hesse, Gero, Mattmüller, Roland (Hrsg.)(Perspektivwechsel, 2019): Perspektivwechsel im Employer Branding: Neue Ansätze für die Generationen Y und Z, 2. Aufl., Wiesbaden: Springer Gabler, 2019

Hesse, Gero, Mayer, Katja, Rose, Nico, Fellinger, Christoph (Employer Branding, 2019): Herausforderungen für das Employer Branding und deren Kompetenzen, in: *Hesse, Gero, Mattmüller, Roland* (Hrsg.), Perspektivwechsel im Employer Branding: Neue Ansätze für die Generationen Y und Z, 2019, S. 55-104

Hettler, Uwe (Social Media, 2010): Social Media Marketing: Marketing mit Blogs, Sozialen Netzwerken und weiteren Anwendungen des Web 2.0, München: Oldenbourg Wissenschaftsverlag, 2010

Höpflinger, François (Generationenfrage, 1999): Generationenfrage – Konzepte, theoretische Ansätze und Beobachtungen zu Generationenbeziehungen in späteren Lebensphasen, Lausanne: Réalités Sociales, 1999

Hurrelmann, Klaus, Albrecht, Erik (Greta, 2020): Generation Greta: Was sie denkt, wie sie fühlt und warum das Klima erst der Anfang ist, Weinheim Basel: Beltz Verlag, 2020

Jung, Hans (Personalwirtschaft, 2017): Personalwirtschaft, 10. Aufl., Berlin, Boston: Walter de Gruyter GmbH, 2017

Kast, Rudolf (Führung, 2014): Herausforderung Führung – Führen in der Mehrgenerationengesellschaft, in: *Klaffke, Martin* (Hrsg.), Generationen-Management: Konzepte, Instrumente, Good-Practice-Ansätze, 2014, S. 227-244

Klaffke, Martin (Hrsg.)(Personalmanagement, 2011): Personalmanagement von Millennials: Konzepte, Instrumente und Best-Practice-Ansätze, Wiesbaden: Gabler Verlag | Springer Fachmedien Wiesbaden GmbH, 2011

Klaffke, Martin, Parment, Anders (Millennials, 2011): Herausforderungen und Handlungsansätze für das Personalmanagement von Millennials, in: *Klaffke, Martin* (Hrsg.), Personalmanagement von Millennials: Konzepte, Instrumente und Best-Practice-Ansätze, 2011, S. 4-21

Klaffke, Martin (Millennials und Generation Z, 2014): Millennials und Generation Z – Charakteristika der nachrückenden Arbeitnehmer-Generation, in: *Klaffke, Martin* (Hrsg.), Generationen-Management: Konzepte, Instrumente, Good-Practice-Ansätze, 2014, S. 57-82

Klaffke, Martin (Generationen-Management, 2014a): Erfolgsfaktor Generationen-Management – Handlungsansätze für das Personalmanagement, in: *Klaffke, Martin* (Hrsg.), Generationen-Management: Konzepte, Instrumente, Good-Practice-Ansätze, 2014, S. 3-25

Klaffke, Martin (Hrsg.)(Generationen-Management, 2014b): Generationen-Management: Konzepte, Instrumente, Good-Practice-Ansätze, Wiesbaden: Springer Gabler, 2014

Klös, Hans-Peter, Rump, Jutta, Zibrowius, Michael (Generation, 2016): Die neue Generation: Werte, Arbeitseinstellungen und unternehmerische Anforderungen, Nr. 29, München: Roman Herzog Institut, 2016

Kring, Wolfgang, Hurrelmann, Klaus (Generation Z, 2019): Die Generation Z erfolgreich gewinnen, führen, binden, Herne: NWB Verlag GmbH & Co. KG, 2019

Küpper, Beate, Klocke, Ulrich, Hoffmann, Lena-Carlotta (Einstellungen, 2017): Einstellungen gegenüber lesbischen, schwulen und bisexuellen Menschen in Deutschland: Ergebnisse einer bevölkerungsrepräsentativen Umfrage, Baden-Baden: Nomos, 2017

Lieber, Bernd (Personalführung, 2017): Personalführung: ...leicht verständlich, 3. Aufl., Konstanz, München: UVK Verlagsgesellschaft mbH, 2017

Liebermeister, Barbara (Digital, 2017): Digital ist egal: Mensch bleibt Mensch – Führung entscheidet, Offenbach: GABAL Verlag, 2017

Liebermeister, Barbara (Arbeitswelt, 2019): Führen in der neuen Arbeitswelt – mit Digital Natives und Immigrants, in: Die Mediation Quartal I, (2019), S. 48-51

Löhr, Julia (Freizeit, 2013): Freizeit als Statussymbol, in: FAZ, (2013), Nr. 130, S. C1

Maas, Rüdiger (Generation Z, 2019): Generation Z für Personaler, Führungskräfte und jeden der die Jungen verstehen muss: Ergebnisse der Generation-Thinking-Studie, München: Carl Hanser Verlag GmbH & Co. KG, 2019

Mangelsdorf, Martina (Generation Y, 2014): 30 Minuten Generation Y, Offenbach: GABAL Verlag GmbH, 2014

Mangelsdorf, Martina (Babyboomer, 2015): Von Babyboomer bis Generation Z: Der richtige Umgang mit unterschiedlichen Generationen im Unternehmen, Offenbach: GABAL Verlag GmbH, 2015

Mangelsdorf, Martina (Generation Z, 2019): Von Babyboomer bis Generation Z: Der richtige Umgang mit unterschiedlichen Generationen im Unternehmen, Offenbach: GABAL Verlag GmbH, 2019

Mannheim, Karl (Generationen, 1964): Das Problem der Generationen, in: Mannheim, Karl, Wissenssoziologie: Auswahl aus dem Werk: eingeleitet und herausgegeben von Kurt H. Wolff, Bd. 28, 1964, S. 509-565

Mattmüller, Roland, Reif, Marcus K., Buckmann, Jörg, Zittwitz, Felix, Diercks, Joachim, Kupka, Kristof, Bender, Jens, Berentzen, Johannes, Hoog, Philipp, Grewe, Tobias, Robeck, Katrin, Balke, Anne, Hahn, Kevin, Kielgas, Sven, Herde, Andreas(Personalmarketing, 2019): Fallstudien zu aktuellen Herausforderungen im Employer Branding und Personalmarketing, in: *Hesse, Gero, Mattmüller, Roland* (Hrsg.), Perspektivwechsel im Employer Branding: Neue Ansätze für die Generationen Y und Z, 2019, S. 105-208

McCrindle, Mark, Fell, Ashley (Generation Z, 2019): Understanding Generation Z: Recruiting, Training and Leading the next generation, Australia: McCrindle Research Pty Ltd, 2019

McCrindle, Mark, Fell, Ashley (Alpha, 2020): Understanding Generation Alpha, Australia: McCrindle Research Pty Ltd, 2020

McCrindle, Mark, Fell, Ashley (COVID-19, 2020): Understanding the impact of COVID-19 on the emerging generations, Australia: McCrindle Research Pty Ltd, 2020

McDonald's (Ausbildungsstudie, 2017): McDonald's Ausbildungsstudie 2017: Job von morgen! Schule von gestern. Ein Fehler im System?, Düsseldorf: DIE QUALITANER, 2019

McDonald's (Ausbildungsstudie, 2019): McDonald's Ausbildungsstudie 2019: Kinder der Einheit – Same same but (still) different!, Düsseldorf: DIE QUALITANER, 2019

Mohr, Reinhard (Generation Z, 2014): Generation Z: oder Von der Zumutung, älter zu werden, Frankfurt: S. Fischer Verlag GmbH, 2014

Oertel, Jutta (Generationenmanagement, 2007): Generationenmanagement in Unternehmen, Wiesbaden: Deutscher Universitäts-Verlag | GWV Fachverlage GmbH, 2007

Oertel, Jutta (Baby Boomer, 2014): Baby Boomer und Generation X – Charakteristika der etablierten Arbeitnehmer-Generationen, in: *Klaffke, Martin* (Hrsg.), Generationen-Management: Konzepte, Instrumente, Good-Practice-Ansätze, 2014, S. 27-56

Parment, Anders (Generation Y, 2009): Die Generation Y - Mitarbeiter der Zukunft: Herausforderung und Erfolgsfaktor für das Personalmanagement, Wiesbaden: Gabler | GWV Fachverlage GmbH, 2009

Parment, Anders (Generation Y, 2013): Die Generation Y: Mitarbeiter der Zukunft motivieren, integrieren, führen, 2. Aufl., Wiesbaden: Springer Gabler, 2013

Pastoors, Sven, Becker, Joachim H., Ebert, Helmut, Auge, Michelle (Führung, 2019): Praxishandbuch werteorientierte Führung: Kompetenzen erfolgreicher Führungskräfte im 21. Jahrhundert, Berlin: Springer-Verlag GmbH, 2019

Pietzonka, Manuel (Vielfalt, 2019): Schlüsselkompetenzen zum Umgang mit sozialer Vielfalt für die Arbeitswelt 4.0 – Einordnung, Kennzeichnung und Messung, in: *Hermeier, Burghard, Heupel, Thomas, Fichtner-Rosada, Sabine* (Hrsg.), Arbeitswelten der Zukunft: Wie die Digitalisierung unsere Arbeitsplätze und Arbeitsweisen verändern, 2019, S. 477-496

Preißing, Dagmar (Hrsg.)(Personalmanagement, 2014): Erfolgreiches Personalmanagement im demografischen Wandel, 2. Aufl., München: Oldenbourg Wissenschaftsverlag GmbH, 2014

Ritter, Andre (Personalbeschaffung, 2010): E-Recruiting: Eine moderne Form der Personalbeschaffung, München: AVM – Akademische Verlagsgemeinschaft, 2010

Rosenstiel, Lutz, Regnet, Erika, Domsch, Michael E. (Hrsg.)(Führung, 2014): Führung von Mitarbeitern: Handbuch für erfolgreiches Personalmanagement, 7. Aufl., Nördlingen: Schäffer-Poeschel Verlag für Wirtschaft, 2014

Rosenstiel, Lutz (Führung, 2014): Grundlagen der Führung, in: *Rosenstiel, Lutz, Regnet, Erika, Domsch, Michael E.* (Hrsg.), Führung von Mitarbeitern: Handbuch für erfolgreiches Personalmanagement, 2014, S. 3-28

Scholz, Christian (Generation Z, 2014): Generation Z: Wie sie tickt, was sie verändert und warum sie uns alle ansteckt, Weinheim: Wiley-VCH Verlag GmbH & Co. KGaA, 2014

Scholz, Christian (Karriere, 2015): Keine Lust auf Karriere, in: manager seminare, (2015), Nr. 211, S. 54-59

Scholz, Christian, Grotefend, Lisa-Dorothee (Hrsg.)(Vier-Länder-Vergleich, 2019): Generation Z im Vier-Länder-Vergleich: Ein empirischer Vergleich von Deutschland, den Niederlanden, Österreich und Schweiz, Bd. 36, Augsburg, München: Rainer Hampp Verlag, 2019

Scholz, Christian, Grotefend, Lisa-Dorothee (Generation Z, 2019): Generation Z und warum sie uns so interessiert, in: *Scholz, Christian, Grotefend, Lisa-Dorothee* (Hrsg.), Generation Z im Vier-Länder-Vergleich: Ein empirischer Vergleich von Deutschland, den Niederlanden, Österreich und Schweiz, 2019, S. 1-9

Schröder-Kunz, Sabine (Führen, 2019): Generationen (gut) führen: Altersgerechte Arbeitsgestaltung für alle Mitarbeitergenerationen, Wiesbaden: Springer Gabler, 2019

SRH Fernhochschule (Hrsg.)(Wandel, 2018): Demografischer Wandel: Aufbruch in eine altersgerechte Arbeitswelt, Wiesbaden: Springer, 2018

Schulz, Ludwig M. (Personalbeschaffung, 2014): Das Geheimnis erfolgreicher Personalbeschaffung: Von der Bedarfsidentifikation bis zum Arbeitsvertrag, Wiesbaden: Springer Gabler, 2014

Suter, Lilian, Waller, Gregor, Bernath, Jael, Külling, Céline, Willemse, Isabel, Süss, Daniel (JAMES, 2018): JAMES – Jugend, Aktivitäten, Medien – Erhebung Schweiz, Zürich: Zürcher Hochschule für Angewandte Wissenschaften, 2018

Statistisches Bundesamt (Bevölkerung, 2019): Bevölkerung im Wandel: Annahmen und Ergebnisse der 14. koordinierten Bevölkerungsvorausberechnung, Wiesbaden: Statistisches Bundesamt, 2019

Voelpel, Sven, Leibold, Marius, Früchtenicht, Jan-Dirk (Herausforderung, 2007): Herausforderung 50 plus: Konzepte zum Management der Aging Workface: Die Antwort auf das demographische Dilemma, Erlangen: Publics Corporate Publishing, Wiley-VCH-Verlag GmbH & Co. KGaA, 2007

Vollrath, Enrico (Personalbeschaffung, 2014): Elektronische Personalbeschaffung, Hamburg: Bachelor + Master Publishing, 2014

Weiguny, Bettina (Generation Weichei, 2012): Generation Weichei: Freizeit statt Karriere, Sabbatical statt Stress: Die jungen Leute geben für den Beruf nicht mehr alles. Fortschritt oder Verfall?, in: FAZ, (2012), Nr. 51, S. 27

Wibbeke, Marvin (Popkultur, 2020): „Es geht ein Stück Popkultur verloren", in: Rheinische Post, 75 2020), Nr. 258, S. C1

Wilke, Christina (Wandel, 2019): Auswirkungen des demografischen Wandels auf den Arbeitsmarkt, in: *Hermeier, Burghard, Heupel, Thomas, Fichtner-Rosada, Sabine* (Hrsg.), Arbeitswelten der Zukunft: Wie die Digitalisierung unsere Arbeitsplätze und Arbeitsweisen verändern, 2019, S. 37-48

Wunderer, Rolf (Führung, 2006): Führung und Zusammenarbeit: Eine unternehmerische Führungslehre, 6. Aufl., München: Wolters Kluwer Deutschland GmbH, 2006

Internetquellen

http://assets.kienbaum.com/downloads/HR-Trendstudie-Ergebnisbereicht-Kienbaum-Studie-2015.pdf, Zugriff am 11.12.2020

http://www.sprachenrat.bremen.de/files/aktivitaeten/Generation_Z_Metastudie.pdf, Zugriff am 17.12.2020

https://blog.wagepoint.com/all-content/jobs-in-the-future-the-career-path-of-generation-y-z-infographic, Zugriff am 29.11.2020

https://de.statista.com/statistik/daten/studie/1137640/umfrage/umfrage-zur-haeufigkeit-der-nutzung-von-social-media-nach-generationen/, Zugriff am 12.12.2020

https://generationalpha.com/wp-content/uploads/2020/02/Generation-Alpha-Infographic-2020.pdf, Zugriff am 25.10.2020

https://isl.co/2014/01/3-million-teens-leave-facebook-in-3-years-the-2014-facebook-demographic-report/, Zugriff am 06.10.2020

https://mccrindle.com.au/insights/blogarchive/why-we-named-them-gen-alpha/, Zugriff am 25.10.2020

https://media.newjobs.com/id/hiring/419/page/Recruiting_Trends_2020/Studien_2020_Generation-Z.pdf, Zugriff am 12.12.2020

https://relevanzmacher.de/generation-z-so-sieht-die-zukunft-aus/, Zugriff am 29.11.2020

https://service.destatis.de/bevoelkerungspyramide/#!y=2020&a=11,25&g, Zugriff am 26.11.2020

*https://simon-schnetzer.com/generation-alpha/,*Zugriff am 27.10.2020

https://werben.xing.com/daten-und-fakten/, Zugriff am 12.12.2020

https://www.bepanthen.de/static/documents/stress-bei-kindern/03_abstract_ziegler.pdf, Zugriff am 19.12.2020

https://www.bitkom.org/sites/default/files/2019-05/bitkom_pk_charts_kinder_und_jugendliche_2019.pdf, Zugriff am 25.10.2020

https://www.destatis.de/DE/Presse/Pressemitteilungen/2020/07/PD20_262_126.html, Zugriff am 14.10.2020

https://www.destatis.de/DE/Presse/Pressemitteilungen/2020/10/PD20_384_12411.html, Zugriff am 14.10.2020

https://www.destatis.de/DE/Themen/Querschnitt/Demografischer-Wandel/Aspekte/demografie-lebenserwartung.html, Zugriff am 14.10.2020

https://www.fastcompany.com/3055407/how-the-generation-born-today-will-shape-the-future-of-work, Zugriff am 25.10.2020

https://www.heise-regioconcept.de/online-marketing/wie-die-generation-alpha-marketingtrends-setzt, Zugriff am 25.10.2020

https://www.hotwireglobal.com/feature/understanding-generation-alpha-2-de, Zugriff am 25.10.2020.

*https://www.instagram.com/aldisuedde.karriere/,*Zugriff am 12.12.2020 *https://www.shell.de/ueber-uns/shell-jugendstudie/_jcr_content/par/toptasks.stream/1570708341213/4a002dff58a7a9540cb9e83ee0a3 7a0ed8a0fd55/shell-youth-study-summary-2019-de.pdf,* Zugriff am 16.11.2020

https://www.talentplatforms.de/wp-content/uploads/azubi-report-2018-studie-von-ausbildung-de.pdf, Zugriff am 12.12.2020

https://www.uni-bamberg.de/fileadmin/uni/fakultaeten/wiai_lehrstuehle/isdl/Recruiting_Trends_2015.pdf, Zugriff am 04.12.2020

https://www.wuv.de/marketing/wer_ist_eigentlich_diese_generation_alpha, Zugriff am 25.10.2020

*https://www2.deloitte.com/de/de/pages/innovation/contents/millennial-survey.html?id=de:2el:3pr:eng_:siku,*Zugriff am 14.11.2020